Historia del balonpesado
como deporte autóctono colombiano

Autores e investigadores

Wilton César Perea Angulo (hijo)

Kelvin Antonio Murillo Angulo

Wilton César Perea Angulo (padre)

EDIQUID

Historia del balonpesado
como deporte autóctono colombiano
Wilton César Perea Angulo (hijo)
Kelvin Antonio Murillo Angulo
Wilton César Perea Angulo (padre)
© Editorial Ígneo Internacional, SAC, 2020
© Para esta edición con el sello Ediquid, 2020
Lima, Perú

www.grupoigneo.com
Correo electrónico: contacto@grupoigneo.com
Facebook: Grupo Ígneo | Twitter: @editorialigneo | Instagram: @grupoigneo

Diseño de portada: Oriana Vargas

Colección: Pensamiento

ISBN: 978-980-7641-81-4
Depósito legal: DC2020000895

Dedicado

A Roberto Lozano Batalla, creador de este deporte autóctono colombiano y padrino del proceso que se lleva a cabo en la Universidad del Quindío.

A Jacinto Moreno Gamboa, más conocido como «Jacho», promotor nacional e internacional por excelencia del balonpesado, ejemplo y referente para todos los que deseamos masificar y consolidar la práctica de este deporte en todos los niveles.

A Cristian Arley Flórez Navia (QEPD) por apoyar este proceso desde sus inicios cuando muy pocos lo hacían, por ser muy buen amigo, llegando a ser considerado por nosotros como un hermano.

Esto es por ustedes, #solobalonpesado #yumiristamirishomies.

Agradecimientos

≡ 5 ≡

Los autores expresamos profundo agradecimiento:

A la Universidad del Quindío, Colombia, a su Área de Bienestar Institucional y al programa académico de Licenciatura en Educación Física y Deportes por la formación y apoyo brindado a nivel personal y profesional.

A nuestros padres, hermanos, demás familiares y amigos que brindaron su apoyo para que este proyecto se materializara.

A todas las personas clave en el proceso de creación y evolución del balonpesado, que brindaron información de alto valor para los fines de esta obra. Sin ustedes esto no hubiese sido posible.

Autores

Wilton César Perea Angulo (hijo)

Joven afrodescendiente de 21 años de edad oriundo de Buenaventura, Colombia. Cursó décimo semestre de Licenciatura en Educación Física y Deportes de la Universidad del Quindío. Se desempeña como instructor de balonpesado de esta institución desde el año 2017 a la actualidad.

Su objetivo principal con esta obra es promover el conocimiento y práctica de este deporte autóctono colombiano y de esta manera preservar la historia de este deporte.

Kelvin Antonio Murillo Angulo

Oriundo del municipio de Zarzal en Valle del Cauca, Colombia. Actualmente cursa la carrera de Licenciatura en Educación Física y Deportes en la Universidad del Quindío y candidato a máster en Gestión y Administración Deportiva en Sports Management School Barcelona. Su propósito en formar parte de este libro junto con sus compañeros es darle un aporte significativo al territorio colombiano con la historia del balonpesado, un deporte autóctono con 47 años de existencia pero sin suficiente literatura, y así rescatar o representar diferentes sucesos de este deporte y no dejar desapercibido lo que representa el balonpesado en su tiempo.

Wilton César Perea Angulo (padre)

Administrador de empresas, especialista en gerencia financiera con énfasis internacional, candidato a magister en negociación internacional. Oriundo de Buenaventura, Colombia.

Tomó la decisión de formar parte del equipo de esta obra por los siguientes motivos: para que con el ejemplar se visibilizará el deporte ante Colombia y el mundo, permitiendo de esta manera fomentarlo y hacerlo competitivo en esferas tanto nacionales como internacionales; así como también, por saber que el balonpesado es el único deporte de conjunto creado en Colombia y reconocido por Coldeportes en su momento, hoy Ministerio del Deporte; por haber sido creado hace ya 47 años y no haber tenido el apoyo local, regional, ni nacional, que permitiera ser difundido como tal y llevarlo donde debiera estar; y por sentido de pertenencia e identidad nacional.

Por haber sido jugador del deporte en su época de estudiante durante la secundaria. Por gozar de apoyo y simpatía del creador del deporte y su impulsor, proporcionando por parte de ellos la información necesaria para llevar a cabo este ejemplar y ponerlo a disposición de la comunidad.

Introducción

Historia del balonpesado como deporte autóctono colombiano es un libro destinado para dar soporte bibliográfico al balonpesado, deporte reconocido por el Ministerio del Deporte de Colombia (anteriormente conocido como Coldeportes) como el único deporte de conjunto creado en Colombia, el cual ha sido exhibido y competido a nivel municipal, departamental, regional, nacional e internacional en diferentes eventos deportivos, académicos y culturales.

Este libro es producto del trabajo investigativo realizado por Wilton César Perea Angulo (hijo) y Kelvin Antonio Murillo Angulo para optar al título de licenciados en Educación Física y Deportes. Este proyecto se desarrolló entre los años 2019-2020 y tiene como objetivo principal develar la historia del balonpesado como deporte autóctono colombiano.

El lector podrá conocer en el escrito los aspectos más relevantes de la historia del balonpesado, tales como su origen, reconocimiento, evolución, auge y declive, dinámica de juego, documentos e imágenes referentes al deporte que hasta el momento de publicación de la obra no habían sido de conocimiento público, y se podrán conocer opiniones a nivel administrativo, cultural y de impacto social generadas por personas claves en la historia de este deporte.

Contenido

CAPÍTULO I

HISTORIA DEL BALONPESADO

El aspecto histórico es entendido como el conjunto de hechos pasados que han impactado diferentes ámbitos de la sociedad como lo cultural, deportivo, arquitectónico, social, y a partir de ahí se proponen diferentes formas de cómo analizar la historia, como lo hace la historiología definida por Rüsen (2012): «Los sucesos y estructuras del pensamiento humano en relación con el pasado, y concentra esta reflexión en lo que distingue a la historia como una disciplina científica específica».

La historia es la ciencia que estudia y narra hechos o sucesos de todo tipo de manera sincrónica o diacrónica conociendo sus antecedentes, causas y consecuencias. Esta narración histórica debe ser periodizada por épocas o años y si el hecho a estudiar lo permite deben mostrarse las transiciones de cada suceso como las divisiones que se hacen de periodos de la antigüedad, modernidad y contemporaneidad.

MEMORIA INDIVIDUAL Y COLECTIVA

Halbwachs afirma que: «En la memoria individual no existe un vacío absoluto, nada se olvida pero el comportamiento del cerebro impide evocar todas las partes de un suceso o recuerdo de algo vivido y para retomar o reconstruir esos aspectos faltantes hay que recurrir a la sociedad que es la que puede reconstruir esos vacíos del pasado que están más marcados en las memorias de otros que en la propia;

el tiempo que sobreviva esta memoria colectiva dependerá del tamaño del lugar donde se desarrolló un hecho o suceso específico» (Halbwachs, 1968, p.5).

La importancia de la memoria colectiva para el estudio de un hecho histórico y posteriormente realizar el registro historiográfico de este surge porque «solo se despierta la necesidad de escribir la historia de un período, de una sociedad y hasta de una persona cuando están ya lo bastante lejos en el pasado como para tener la suerte de encontrar mucho tiempo aun en nuestro entorno, testigos suficientes que conserven algún recuerdo de ello» (Halbwachs, 1968, p.5).

Esto muestra una tendencia o procedimiento que se centra en rescatar la historia de una comunidad o sociedad, solo cuando escasean las evidencias orales por actores principales de los procesos, lo cual supone que posiblemente muchos sucesos, saberes, conocimientos y hechos pasados importantes para una comunidad se han perdido o están a punto de perderse por la falta de evidencia oral y tangible sobre este, lo que podría desencadenar en la pérdida de elementos identitarios de una comunidad o sociedad específica. Halbwachs (1968) afirma que «...el único medio de salvar tales recuerdos es fijarlos por escrito en una narración ordenada ya que, si las palabras y los pensamientos mueren, los escritos permanecen» (p.5).

HISTORIA ORAL

La historia oral es la manera en la que han sobrevivido saberes, prácticas y demás elementos identitarios de las culturas, siendo la historia oral una de las formas más antiguas utilizadas para dar a conocer hechos pasados, pero este método no ha sido siempre bien visto. En el siglo XIX los historiadores desconfiaban de la subjetividad e inexactitud de los testimonios y prefirieron apoyarse en la documentación escrita, rechazando los relatos. En el siglo XX en Francia, Inglaterra y Estados Unidos se abrieron nuevas perspectivas para estudiar la historia, donde se priorizó todo lo que el hombre siente, piensa e imagina, dejando en segundo plano la búsqueda de la verdad absoluta que se perseguía en el siglo XIX.

«La utilización de testimonios directos de personas que participaron, como testigos o protagonistas, en la gestación de un hecho histórico ha sido objeto de arduas investigaciones no solo por la historia, sino también por parte de otras disciplinas como la sociología, la antropología, la psicología o la lingüística. El desarrollo de todas estas ciencias sociales coincide a la hora de buscar en fuentes orales unas respuestas que no se encuentran en fuentes escritas» (Mariezkurrena, 2008, p.2).

A pesar de que desde el siglo pasado se volviera a adoptar la historia oral como método para recopilar datos de hechos pasados, siguen existiendo detractores de esta que alegan que en los relatos existen omisiones o errores cronológicos sobre los hechos que ellos puedan describir. Estas limitaciones o falencias encontradas en el método actualmente se ven disminuidas gracias al cotejo que el investigador realiza entre los datos suministrados por los agentes claves del hecho a estudiar junto a documentos que hablen de este, lo que finalmente conducirá a una corroboración de datos que le permitirá al investigador estar lo más cercano posible del fenómeno o hecho social investigado.

HISTORIOGRAFÍA

La historiografía puede definirse como «la producción escrita acerca de temas históricos» (Fontana, 1982, p.9). Esta no debe confundirse con la palabra *historia*, que al igual que la historiografía posee múltiples definiciones, pero todas convergen en darle la propiedad de ser la ciencia que estudia el pasado, no se propone que sean términos aislados, dado que tienen mucha relación entre sí e incluso pueden considerarse un complemento. Para entender su relación es necesario aclarar que la historia es la ciencia que se encarga de estudiar sucesos, hechos o fenómenos acontecidos en el pasado y su posible repercusión en el presente, pero esta misma no conlleva un proceso de divulgación que permite su reconocimiento y posible conservación, en cambio la historiografía busca con base en la investigación desarrollada bajo el método histórico dejar un producto, bien sea un libro o artículo, lo que también se puede conocer como una producción historiográfica que es tarea del investigador o historiador en su labor de recopilación de material escrito como libros, bitácoras, diarios y periódicos, y sumado al material audiovisual que puede ser obtenido por entrevistas temporales y atemporales o fotos y videos que se encuentren y que tengan relación al hecho o fenómeno estudiado, al obtener esos datos posteriormente serán cotejados para comprobar la veracidad de estos y ese proceso le permitirá condensar en un escrito de manera cronológica, para su posterior publicación que posiblemente permitirá la divulgación, preservación e incluso que pueden ser referentes para futuras investigaciones relacionada con el hecho estudiado.

EL ORIGEN DE LO AUTÓCTONO

El balonpesado, a la fecha de publicación de este libro, es el único deporte de conjunto creado en Colombia con reconocimiento de Coldeportes (actual Ministerio del Deporte) en el año de 1974. Cuenta con 47 años de creación y 46 años de reconocimiento.

Para poder profundizar en la historia de este deporte autóctono colombiano debemos remontarnos al año de 1973, al Distrito Especial Industrial, Portuario, Biodiverso y Ecoturístico Buenaventura, ubicado en el departamento del Valle del Cauca, donde Roberto Lozano Batalla, un bonaverense nacido el 1 de marzo de 1930 en el seno de una familia conformada por su padre Ernesto Lozano Cruz, tulueño, quien fue concejal de Buenaventura, maderero industrial y en negocios relacionados con la venta de vino, oro y platino, y su madre Ángela Batalla Cortés. A sus 6 meses de nacido, su madre se lo llevó a vivir a Tumaco, a sus ocho años de edad retornó a Buenaventura y mientras Roberto cursaba su primaria ayudaba a su padre en tres aserríos de la ciudad recibiendo, despachando y metrificando madera que sería enviada al interior del país. A la edad de 10 años junto a su madre emigraron hacia la ciudad de Colón en Panamá, donde por su formación académica logró convertirse en bilingüe, incluyendo el inglés dentro de su vocabulario y en ese mismo país inició la práctica de diferentes deportes como la maratón acuática, maratón pedestre, turismo ciclístico, boxeo, lucha libre, gimnasia acrobática, esgrima, atletismo en pruebas de 400 metros, lanzamiento de bala y martillo. En el año de 1949 decidió irse a vivir con un tío que residía en la ciudad de Nueva York, Estados Unidos, y su estancia en ese lugar solo fue de dos años, retornando nuevamente a Panamá y posterior a ello, por pedido de su padre, regresó a Colombia, donde cumplió funciones como trabajador de la extinta empresa Puertos de Colombia, inicialmente como traductor y finalizando como trabajador de carga y descarga de contenedores, en el cumplimiento de sus labores se reencuentra con un viejo amigo que trabajaba para una de las flotas que como tantas arribaban al puerto de Buenaventura a cargar o descargar contenedores llenos de mercancía de toda índole, su amigo le comunicó que poseía un juego de pesas en el buque y que por órdenes de su comandante debía deshacerse de ellas y le pidió el favor a Roberto Lozano que se las guardara hasta su próximo arribo al puerto. Roberto accedió y su amigo le entregó el juego de pesas junto con revistas en español e inglés en las que se hablaba del levantamiento de pesas.

Simultáneo a su empleo en Puertos de Colombia, Roberto ejercía como bombero voluntario de Buenaventura, lugar donde decidió dejar el juego de pesas y a su vez con ayuda de las revistas que les dejo su amigo se convirtió en un autodidacta del levantamiento de pesas y a su vez invitaba a sus compañeros bomberos para que practicaran junto a él, un día revisando el periódico observa las marcas que existían a nivel departamental en levantamiento de pesas, dichas marcas para el eran irrisorias dado que él desde su empiricidad podía levantar más que quien ostentaba la marca más alta del departamento. Con permiso y apoyo del comandante de bomberos de Buenaventura se dispuso a competir en los juegos departamentales del año 1955 y en compañía de algunos compañeros bomberos fueron a competir, obteniendo Roberto la medalla de oro en dicho certamen que le permitió posteriormente obtener el título nacional desde el año 1956 al 1966, lo que lo posicionó en la élite del pecismo en Colombia junto a otros grandes del deporte como lo eran Ney López y Jaime Rojas. Esas victorias le permitieron ir escalando a competiciones sudamericanas, centroamericanas, centroamericanas y del Caribe y bolivarianas.

En 1968, en un intento por superar el récord sudamericano de su momento que era de 225 kilogramos en sentadilla de potencia en la categoría de los 75 kilogramos, que era en la que Roberto competía. Para lograr esta hazaña, Roberto aprovechó la presencia de tres árbitros internacionales en su disciplina que se encontraban reunidos en Cali, Colombia, para solicitarles que le permitieran hacer el intento oficial para batir esa marca, su solicitud fue aceptada y Roberto disponía de tres intentos para intentar batir ese récord, en su primer intento arrancó con 210 kilogramos que pudo levantar con facilidad, armado de confianza él decide dar un salto de 15 kilogramos lo cual lo haría levantar 225 kilogramos igualando el récord Sudamericano lo cual lo posicionó como el número uno en esa región del mundo, pero él aún se sentía fuerte, sentía que podía levantar mucho más peso adicionando 5 kilos más, lo cual dejaría la barra con 230 kilogramos. Se posicionó para hacer su intento, logró bajar pero al momento de subir todo ese peso, su estabilidad se inclinó hacia adelante provocando ruptura de los ligamentos de ambas rodillas, lo cual lo dejaría por fuera de toda actividad deportiva competitiva. Al dejar su vida deportiva decidió enfocarse en el ámbito académico. Trabajó en la Universidad del Valle sede Cali, desempeñándose como director del Centro Deportivo Universitario (CDU) en la Universidad del Valle. En uno de sus ya cotidianos viajes de Cali hacia Buenaventura compartió asiento con el padre Gilberto Gil Yépez (QEPD), rector del Instituto Técnico Industrial Gerardo Valencia Cano (ITI GVC), colegio público creado por la curia en el municipio de Buenaventura. El padre le expresó la admiración que posee por él y le solicita que se incorpore como docente en dicha institución, a lo cual después de una larga charla el padre Gil lo convenció de que dejara su empleo en la Universidad del Valle con el compromiso de conseguirle el empleo de docente de educación física en el ITI y en el Seminario San Buenaventura, una institución educativa privada de Buenaventura propiedad de la curia.

Instituto Técnico Industrial Gerardo Valencia Cano (1973). Recuperado de: https://ietigerardo-valenciacano-com.webnode.es/sobre-nosotros2/ Foto anexo del Instituto Técnico Industrial Gerardo Valencia Cano en el año 1973.

Mientras Roberto laboraba como docente en ambas instituciones, se encontró con un contexto educativo y social difícil: el del ITI donde escaseaban los materiales para la práctica de educación física, contando solo con un balón de fútbol en buen estado, donde habían alumnos que le manifestaban a Roberto que no harían parte de la clase porque no habían desayunado e incluso no habían cenado la noche anterior, donde los niños y jóvenes preferían realizar sus actividades físicas descalzos y sin camisa, debido a que solo poseían ese par de zapatos y esa camisa e incluso porque compartían el uniforme con sus hermanos que estudiaban en jornada contraria.

Todos estos aspectos llevaron a Roberto a idear una actividad que le permitiera a todos sus estudiantes participar sin que deban utilizar calzado ni camisa, que los ejercitara vigorosamente y que no requiriera de gran cantidad de materiales para su disfrute. Fue así como la noche del 26 de marzo de 1973 Roberto, sentado en la tasa del baño de su hogar con papel y lápiz a la mano como era de su costumbre,

Foto de archivo.

se dispuso a crear un juego llamado «balón mano pesado» —recordemos que Roberto había estado en los deportes y que además había viajado hacia diferentes países, lo cual generó procesos aculturizantes en el que lo enriquecieron en el ámbito cultural y deportivo—. En la mañana del 27 de marzo de 1973 se dispuso a cumplir con sus obligaciones docentes en el ITI, específicamente con el grado noveno o cuarto de bachillerato como se le llamaba en aquel entonces, y en lugar de citarlos en la cancha, como era de costumbre, decidió citarlos en el aula para explicarles un deporte que había conocido en su estancia en Estados Unidos llamado *heavy hand ball* (cuya traducción al español es *balón mano pesado*). Entonces tú, como lector, te preguntarás si el deporte fue una creación de él, ¿por qué decirle a sus alumnos que es un deporte extranjero? Resulta que en Buenaventura para la época muchas personas emigraban ilegalmente hacia otros países como Panamá y Ecuador bajo la modalidad de polizontes en los buques que zarpaban de Buenaventura hacia esos lugares. Muchas de esas personas al momento de retornar a Buenaventura volvían con elementos identitarios de aquellas culturas foráneas como forma de vestir, hablar, visiones de desarrollo y permitiendo además la introducción de géneros musicales y deportes que anteriormente no se contemplaban en la ciudad. Todos estos elementos resultaban llamativos para algunos bonaverenses, especialmente en los niños y jóvenes, lo cual provocaba que en muchas ocasiones se valoraban más culturas o aspectos culturales foráneos que los propios o autóctonos. Toda esta influencia, que en la comunidad Bonaverense generaba un sentido xenocentrista, Roberto la supo utilizar para que los estudiantes accedieran a practicar la nueva propuesta que él les llevaba. Luego de una explicación no superior a diez minutos, los estudiantes entusiasmados por conocer de qué se trata accedieron a participar y Roberto los llevó hacia el aula máxima de la institución, la cual era un rectángulo con 25 metros de largo por 18 metros de ancho, y con tiza Roberto dibujó un círculo en cada extremo del campo, situó un balón medicinal de 6 kilogramos en la mitad del terreno, brindó unas pocas reglas y dio inicio a su juego. Los estudiantes demostraron gran entusiasmo mientras desarrollaban la actividad, incluso al sonar el timbre para cambiar de clases los estudiantes no acataron la orden y siguieron jugando. En ese momento, Roberto se dio cuenta de que su invención era tan atractivo que incluso hacía violar la ley, refiriéndose al desacato a la señal del timbre del colegio. Al enterarse del éxito que tuvo este nuevo juego decidió confesarles a sus estudiantes que esa actividad era una invención propia de él, lo cual no disminuyó el deseo de estos por volver a practicarlo.

Ese mismo día en la jornada de la tarde replicó su juego en el Seminario San Buenaventura, teniendo un éxito rotundo. No pasó mucho tiempo para que se regara la voz de que en el ITI se estaba jugando un deporte nuevo, incitando a estudiantes de otras instituciones educativas a desplazarse hacia el ITI para conocer de primera mano de qué se trataba ese deporte y de esa manera la práctica del balón mano pesado se fue expandiendo hacia otras instituciones educativas, lo cual posibilitaría la realización de torneos interbarrios, intercomunas, intercolegiados y otros certámenes en los que puntualizaremos más adelante.

En ese mismo año, Roberto se encontraba con estudiantes del ITI en el coliseo central, llamado actualmente Coliseo Roberto Lozano Batalla, realizando una práctica de balón mano pesado cuando al escenario deportivo llegaron jugadores de baloncesto del buque *Sanctuary*, el cual era un buque escuela de la marina de Estados Unidos. Estos jugadores se trasladaron hacia el coliseo central con deseos de enfrentar a la selección de baloncesto de Buenaventura, pero ellos no se encontraban dado que el espacio en ese momento estaba ocupado por los estudiantes del ITI. Debido a su conocimiento del inglés pudo establecer una conversación con los norteamericanos. Mientras conversaban, Roberto notó que ellos le estaban prestando más atención a la práctica de balón mano pesado que a la misma conversación, a lo cual él decidió preguntarles si habían visto ese deporte antes, a lo cual ellos respondieron que no. Esto le reafirmó que su creación era algo único, le pidió a los estadounidenses que le permitieran hablar con su capitán para organizar un partido de balonpesado entre ellos y sus estudiantes, que aceptaron y al día siguiente a las 6:00 am Roberto llegó al buque para convencer al capitán de jugar balonpesado contra ellos, prometiéndole que si *ellos aceptaban haría que el alcalde de turno, prensa escrita y hablada, estuvieran presentes en dicho encuentro*. El capitán aceptó escuchar la propuesta y Roberto le explicó la dinámica de juego, logrando en su finalización convencerlo de participar, y así asistieron representantes de la prensa escrita y hablada, el alcalde de turno, la armada nacional, el equipo del buque estadounidense y público en general. Fue un evento memorable donde al iniciar los jugadores extranjeros junto a sus compañeros que, con parada militar, fusil en mano y la bandera de su país entonaron a viva voz su himno nacional, acto que imitaron las personas de Buenaventura en compañía de la armada nacional. En representación de Colombia compitió el equipo del colegio Seminario San Buenaventura. Aquí te puede surgir una duda como lector ¿por qué la representación de Colombia estuvo a cargo del colegio Seminario y no del ITI, que fue el lugar donde nació este juego autóctono que posteriormente se convertiría en deporte?, esto se debe a que los estudiantes del ITI no contaban con los recursos económicos para costear el uniforme de educación física de la institución por las razones mencionadas anteriormente, caso contrario al de los estudiantes del seminario, que gozaban en su momento de una mejor posición económica que les permitía tener un uniforme para presentarse adecuadamente a ese evento que sin ser oficial representaría el primer evento internacional en balonpesado. Luego de agotado los actos protocolarios se dio inicio al juego. Fue un partido muy emocionante, influenciado por la presencia del público que a voces ensordecedoras animaban a unos jóvenes bonaverenses para impulsarlos hacia la victoria sobre los adultos y corpulentos integrantes de la marina estadounidense. Al sonar el pitido final el marcador quedó a favor de los extranjeros, hecho que para nada disgustó a Roberto a quien este evento le reafirmaba una vez más que el juego que él inventó era algo realmente novedoso y atractivo.

Foto de archivo.

Motivado y dispuesto a hacer lo que a sus alcances tuviera, Roberto se dispuso a buscar que su invento, el balón mano pesado, fuese reconocido por el máximo ente rector del deporte en Colombia, que para la época tenía el nombre de Coldeportes, y que era dirigido por Humberto Zuluaga Monedero. Pero antes de esto necesitaba contar con el testimonio y aval de diferentes entes para que su solicitud llegará con la mayor fuerza posible al ente nacional deportivo. Por consiguiente, le solicitó al padre Gilberto Gil Yepes que redactara una carta donde reconociera que el balón mano pesado era un invento de Roberto Lozano Batalla y que además el ITI fue el primer lugar donde se practicó esta disciplina. El padre Gil le proporcionó el documento solicitado, pero Roberto sentía que necesitaba algo más para que su solicitud no fuera tratada como una carta más, si no que se le prestara la atención debida, por lo cual acudió al alcalde de Buenaventura, quien fue el encargado de enviar al presidente de Colombia, Misael Pastrana Borrero, la carta donde se informaba que en Buenaventura, Valle del Cauca, posiblemente Roberto Lozano Batalla había creado un deporte autóctono llamado balón mano pesado que se jugaba en un terreno de iguales dimensiones de una cancha de baloncesto de 28 metros de largo por 15 metros de ancho y que situado a 2,35 metros de cada extremo final del campo se dibujaba un círculo de 1,50 metros de diámetro que cumplía la función de zona de anotación, en el que cada equipo para poder salir a juego debía tener en el campo a 6 jugadores y cuyo balón utilizado era un balón medicinal de 6 kilogramos y solicitando que por favor se investigara la autenticidad de este.

Luego de que Roberto Lozano Batalla anexara esta carta junto con el reglamento de balón mano pesado de aquella época, recibió una carta con respuesta de solicitud de su reconocimiento por parte de Coldeportes, la cual enunciaba lo siguiente:

REPUBLICA DE COLOMBIA
MINISTERIO DE EDUCACION NACIONAL

INSTITUTO COLOMBIANO
DE LA JUVENTUD Y EL DEPORTE
COLDEPORTES

DOCD- 163

Bogotá, D.E. 20, Junio, 1974

Señor Licenciado
ROBERTO LOZANO BATALLA
C/o. Instituto Técnico Industrial
" Gerardo Valencia Cano")
BUENAVENTURA.

Apreciado señor :

Obra en nuestro poder variada correspondencia enviada por usted a la Presidencia de la República y a este Instituto, incluyendo proyecto de Reglamento y otros documentos relacionados con el deporte que usted denomina " Balón Mano Pesado", cuya práctica está orientada especialmente a la niñez.

Tanto la División de Recreación y Juventud como la de Organización y Control Deportivo, ambas de este Instituto, han estudiado esa documentación, encontrando que tiene similitud en muchos aspectos con juegos o deportes que se practican en otros países, a los cuales hemos pedido información que nos permita emitir un concepto definitivo sobre su solicitud.

En principio creemos que para los niños es un juego muy fuerte si se tiene en cuenta la elasticidad de las Reglas de Competencia.

Tendremos el mayor agrado en informarlo sobre el concepto del Instituto en cuanto las organizaciones que antes mencionamos nos hagan llegar la documentación que hemos pedido.

Cordialmente

INSTITUTO COLOMBIANO DE
LA JUVENTUD Y EL DEPORTE

BORIS H RODRIGUEZ DIAZ
Secretario General-Encargado.

Dicha solicitud de información fue remitida a 25 naciones que Coldeportes consideraba idónea para corroborar la autenticidad del balón mano pesado, obteniendo respuestas de 17 naciones donde manifestaban que no poseían un deporte igual o parecido al balón mano pesado y las 8 naciones restantes no respondieron, a lo cual Coldeportes reconoció al balón mano pesado como deporte autóctono colombiano, hecho que quedó plasmado en la siguiente carta:

REPÚBLICA DE COLOMBIA
MINISTERIO DE EDUCACIÓN NACIONAL

**INSTITUTO COLOMBIANO
DE LA JUVENTUD Y EL DEPORTE
COLDEPORTES**

S.P.D. No. 313

Bogotá D.E., Octubre 31 de 1.974

Señor
ROBERTO LOZANO BATALLA
Instituto Técnico Industrial
BUENAVENTURA.

Apreciado Profesor:

Con alguna tardanza que rogamos nos excuse, comentamos sus inquietudes relacionadas con el deporte del Balon-mano-pesado del cual usted es su creador y promotor.

Reciba nuestros sinceros agradecimientos a nombre de la Juventud Colombiana, en reconocimiento a su invaluable labor, en beneficio del deporte, a la vez que aplaudimos la brillante Iniciativa de hacer del Balon-mano-pesado un deporte organizado a nivel Nacional.

Esperamos en un futuro no muy lejano poder colaborarle en la difusión de este bonito deporte Colombiano.

Atentamente,

HUMBERTO ECHORQUEZ ORDOÑEZ   Lic. DORIS H. RODRIGUEZ D.
Jefe Sección de Proyección y   Jefe División Organización
Organización Deportiva.   y Control Deportivo.

En ese mismo año de 1974, llegó al balón mano pesado el señor Jacinto Moreno Gamboa, reconocido en el medio popular como «Jacho», exempleado de Puertos de Colombia y exboxeador profesional que logró consagrarse como uno de los tres boxeadores en derrotar al renombrado boxeador colombiano Miguel Lora, o como se le apodaba el «Happy», Jacinto inició como estudiante de Roberto en balón mano pesado en el ITI y posteriormente se convirtió en su mano derecha y quien le ayudara a promocionar y masificar la práctica de este deporte autóctono a nivel departamental, nacional e internacional. Como lector podrás evidenciar a lo largo del libro la importancia de Jacinto para el deporte; sin temor a equivocarnos, sin la ayuda de Jacho el balonpesado no habría obtenido muchos de los logros que hoy ostenta.

Para 1976, la ciudad de Buenaventura disputó dos partidos de índole internacional: uno contra Cuba y otro contra Alemania.

Jacinto Moreno Gamboa, «Jacho».

Para aquel año arribó un buque cubano a Buenaventura y en su tripulación se encontraban jugadores de béisbol ansiosos por medir sus capacidades con beisbolistas de la ciudad Puerto y fueron enviados al estadio Marino Klinger Salazar ubicado en la zona continental de la ciudad y a su vez le fue informada la presencia de ellos a Roberto, quien se dispuso a ir hacia el estadio para invitarlos a jugar balonpesado.

Al llegar allá se encontró en las gradas con unos desilusionados deportistas que no encontraron equipo para competir y Roberto aprovechó para presentárseles y pedirles que le prestaran unos minutos de su atención para explicar un deporte autóctono de la ciudad. Los cubanos accedieron y después de la explicación fueron invitados a un partido de balón mano pesado, aceptaron y al día siguiente se realizó el encuentro en el coliseo central. En el evento participó el padre Gilberto Gil Yepes, el alcalde de turno Pedro Escupiña Murillo, miembros de la junta de deportes municipal de Buenaventura, el padre del seminario San Buenaventura y personal militar haciendo guardia de honor.

Los cubanos jugaron contra un equipo en representación de Colombia conformado por estudiantes de tres colegios, los cuales fueron: Instituto Técnico Industrial Gerardo Valencia Cano, Seminario San Buenaventura y Pascual de Andagoya, quedando campeón el equipo colombiano.

ALEMANIA

Para 1976 la Junta de Deportes de Cali, Valle del Cauca, invitó al Club Olímpico de Berlín, Alemania, conformado por profesores de atletismo para capacitar en esa disciplina al Valle del Cauca. En su estancia vieron en el periódico que en Buenaventura se jugaba un deporte llamado balón mano pesado, lo cual les pareció un plagio de su autóctono balonmano creado en el año de 1936. Entonces una delegación de los alemanes se desplazó hacia Buenaventura para investigar qué era el balón mano pesado, pero al llegar a la Junta de Deportes de Buenaventura no encontraron a Roberto Lozano Batalla y los alemanes decidieron ir a conocer las playas de Juanchaco. Horas después se le notificó a Roberto de la presencia y objeto de la misma de los docentes extranjeros, y ese mismo día Roberto se desplazó hacia ese lugar y los encontró, gracias a su dominio del idioma inglés logró comunicarse con ellos y explicarles qué era el balón mano pesado y demostrando así que no era una copia del balonmano.

Satisfechos con la explicación, los alemanes le pidieron dos días de plazo a Roberto para pedir un aval en su consulado que les permitiera representar oficialmente a su patria en un encuentro amistoso de balón mano pesado, el cual se logró realizar y cuyo marcador final fue de 4 a 5 a favor de los profesores alemanes.

En el año de 1977 se dio el primer juego internacional no oficial contra México.

Para 1978 el balón mano pesado cambia a balonpesado por sugerencia de un periodista de Palmira que en una conversación con el profesor Roberto Lozano Batalla le expresó que debería de recortar el nombre del deporte debido a que daba confusión con el balonmano, por lo cual le recomienda quitarle el nombre de balón mano pesado y dejarlo todo junto a balonpesado. Entonces Roberto accedió y desde ese año hasta la actualidad el deporte se conoce como balonpesado. En ese mismo año se disputó como deporte de exhibición celebrado por el Municipio de Guapi del Departamento del Cauca.

- **1981:** en este año el balonpesado participa por primera vez en unos juegos departamentales del Valle del Cauca en calidad de exhibición. Esto fue celebrado en el Municipio de Roldañillo.

- **1984:** segundo juego internacional no oficial contra México.

- Competido en las Olimpiadas Portuarias de Buenaventura.

- Señalado deporte rey en Juegos Interescolares e Intercolegiados de Buenaventura por la cantidad de equipos participantes (hasta 1994).

- **1985:** tercer juego internacional no oficial contra México.

Para aquella ocasión volvió el buque *Cuauhtémoc*, con una tripulación nueva y Roberto con apoyo del comandante de la Fuerza Naval del Pacífico fueron a hablar con el capitán de la embarcación, Roberto le expuso al capitán lo que se había hecho en años anteriores con embarcaciones de México, Alemania y Estados Unidos, pero él notaba que el capitán no estaba presto a atender a su explicación. Cuando terminó de exponer el balonpesado, el capitán lo invitó a la sala de trofeos del buque y Roberto, sorprendido, se encontró junto a los trofeos que allí reposaban: un balón de balonpesado firmado por él, seguido de eso el capitán de la embarcación le dijo: «Usted no se acuerda de mí, pero yo no me puedo olvidar de usted, porque yo era el capitán del equipo que jugó contra Colombia en balonpesado. En esa época yo era oficial de alto rango, pero ahora soy el comandante del buque y volveremos a jugar con mucho gusto». El encuentro se llevó a cabo quedando como campeones el equipo representante de Colombia.

- **1986:** inclusión del balonpesado en la Universidad del Valle sede Pacífico (Buenaventura) por iniciativa del profesor Roberto Lozano Batalla.

- Competido en las Olimpiadas Portuarias de Buenaventura.

- **1987:** cuarto juego internacional no oficial contra México.

- Juego internacional no oficial contra la Unión Soviética.

- Competido en los Juegos del Litoral Pacífico en Tumaco, Nariño.

- **1988:** competido en las Olimpiadas Portuarias de Buenaventura.

- **1990:** competido en las Olimpiadas Portuarias de Buenaventura.

- Competido en los Juegos del Litoral Pacífico en Buenaventura, Valle del Cauca, siendo señalado en esta ocasión por **Coldeportes como Deporte Símbolo de los juegos del Litoral Pacífico.**

- **1991:** competido en los Juegos Departamentales del Valle del Cauca celebrados en Cartago.

- **1994:** el balonpesado participa como deporte de exhibición en el Mundial de Juegos Autóctonos organizado por TAFISA en el Salitre, Bogotá.

MUNDIAL DE TAFISA, 1994

En el año de 1994, el balonpesado consiguió ser deporte de exhibición en el mundial de deportes autóctonos de la Asociación para el Deporte Internacional para Todos o conocida por sus siglas como TAFISA, la cual tuvo como objetivo lograr un mundo activo promoviendo y facilitando globalmente el acceso de todas las personas al Deporte para Todos y a la actividad física. Esta participación se logró gracias a las gestiones adelantadas por Roberto Lozano Batalla y Edinson Delgado Ruiz. Dicho mundial se celebró en el Coliseo del Salitre en Bogotá, Colombia, evento que contó con la participación de varios países que pudieron conocer el Balonpesado. Dicho evento contó con la participación de personas como Nelson Gamboa, Alejandro Solis «Lima», Jacinto Moreno y por supuesto de su creador Roberto Lozano Batalla. Esta exhibición representó la primera oportunidad del balonpesado de exhibirse oficialmente a nivel internacional.

- Competido en los Juegos Departamentales del Valle del Cauca celebrados en Buga.

- Creación de la Liga Vallecaucana de Balonpesado en Palmira, Valle del Cauca.

- **1997:** Competido en los Juegos Departamentales del Valle del Cauca celebrados en Jamundí.

- Primer Campeonato Departamental del Valle del Cauca entre auxiliares bachilleres de la Policía Nacional en los escenarios deportivos del Cuartel de la Policía Metropolitana de Cali.

REGLAMENTO BALONPESADO

BUENAVENTURA VALLE COLOMBIA

BALONPESADO

DEPORTE COLOMBIANO...
CREADO EN BUENAVENTURA.

PROF. ROBERTO LOZANO BATALLA

MARZO 27 DE 1973.

BALONPESADO

Único aporte cultural deportivo de Colombia

entre juegos de conjunto - para el mundo...

nació en Buenaventura!

R E G L A M E N T O   D E   B A L O N P E S A D O

PRIMERA EDICIÓN

Editado en: Santafé de Bogotá D. C.,
el 27 de Marzo de 1997

Edición dirigida por:
FEDERICO CUBILLOS VELÁSQUEZ

PERMITIDA SU REPRODUCCIÓN

CHONTICO

CHONTICO: Diseñado por ALFREDO CEDEÑO, en 1990, con motivo de llevarse a cabo los IV JUEGOS DEL LITORAL PACIFICO en Mayo 10 al 13.

Por tal motivo fue proclamado como símbolo oficial de los juegos. Con sede en Buenaventura Valle.

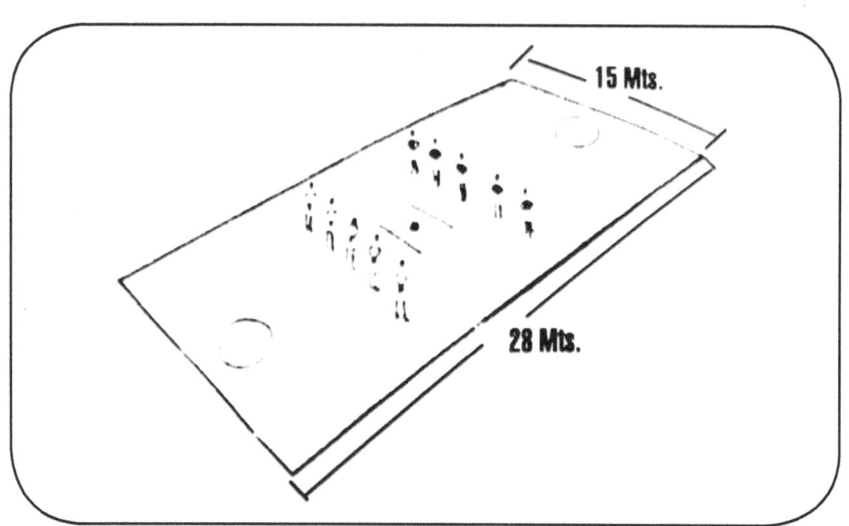

EL CAMPO:

Se juega sobre un rectángulo de iguales dimensiones y piso al de baloncesto de 15 x 28 metros. Superficie dura, en cemento asfalto, mosaico o madera. Al final y al centro de cada una de las longitudes de la cancha y con epicentro a 2,25 metros de la línea final se encuentra dibujado un círculo de 1,50 metros de diámetro libre que es donde se marcan los goles o puntos de los dos conjuntos en disputa.

En cada mitad del terreno y a dos metros de distancia del balón que se coloca en la mitad de la cancha, se marca una línea de tres metros de extensión, equidistante al punto medio que tiene 20 centímetros de diámetro y horizontal a las líneas finales a las que se les llaman líneas de saque.

EL BALON:

Para confeccionarlo se usa un balón de voleibol con cubierta de caucho circunferencial de 65 o 67 cm, al cual se le anula la cámara de aire, haciéndole una abertura de 5 cm, por donde se rellena con trapo picado, retal de espuma sintética por partes iguales en una mezcla hemogénea y se cierra con hilo o cáñamo en costura común, es noble, no hiere su textura, asemeja a un almohadón. Pesa entre 500 y 600 gramos, 50 gramos menos que uno de baloncesto; no rebota, es lerdo; de ahí su nombre: BALONPESADO.

JUGADORES:

Cada equipo hasta con 10 jugadores, cinco para relevos y cinco que salen a jugar. Pueden entrar y salir jugadores durante el partido cuantas veces disponga el entrenador.

TIEMPO DE JUEGO:

Se juegan dos tiempos de 25 minutos, con un tiempo intermedio de descanso de cuatro minutos. El tiempo total del partido de existir un ganador no excede de los 54 minutos en razón de que el tiempo se contabiliza de corrido. Para las damas los tiempos solo serán de 20 minutos.

En caso de empate al finalizar el último partido de un campeonato, se jugarán tantos tiempos adicionales, de 3 minutos intercambiando cancha ambos equipos como sean necesarios hasta que haya un ganador...

De dos minutos será el intervalo entre el tiempo reglamentario de juego y el primer tiempo adicional para desempate; de solo un minuto será el intervalo para la reapertura de cada tiempo adicional.

Cada equipo tendrá derecho a dos treguas (time) de 40 segundos en cada período de juego, pero ninguno en los períodos de desempate; las treguas no utilizadas en un período no se acumulan para el siguiente.

En los cinco minutos finales del tiempo reglamentario, no se conceden treguas, ni habrá cambios de jugadores, pero para iniciar los tiempos adicionales de desempate, cada equipo podrá por esa sola vez cambiar a voluntad su escuadra final, con la cual habrá de concluir el encuentro.

PUNTOS:

En cada encuentro se disputan 2 puntos para el equipo ganador, al existir empate se dividen los puntos.

Al concluir el campeonato, ganará el equipo que mayor cantidad de puntos haya obtenido al persistir empate, en la tabla de posiciones se tiene en cuenta la mayor cantidad de goles a favor.

SECUENCIA DE UNA JUGADA CONVERTIDA EN GOL

1) Se inicia en el encuentro o saque inmediatamente después del gol. Siempre hacia atrás.

2) Pase de un jugador a otro.

3) Continuación de la jugada anterior.

4) Jugada dirigida al jugador que se encuentra dentro del círculo para convertir gol.

FORMAS DE CONVERTIR GOL

1) **GOL INDIRECTO:** Jugador portando el balón, con él peneta al círculo.

2) **GOL DIRECTO:**Balón lanzado desde cualquier lugar del campo, cae dentro del círculo, así luego ruede afuera.

3) GOL: Balón lanzado al caer sus dos terceras partes golpean dentro del círculo.

4) GOL: Balón rodado muere dentro del círculo.

5) GOL: Balón lanzado golpea fuera del círculo y de rebote golpea dentro.

6) GOL: Balón lanzado es recibido por alguien dentro del círculo.

7) **GOL:** Balón lanzado golpea a alguno de quienes están dentro del círculo y éste no lo rechaza con las manos o con los puños.

8) **GOL:** Jugador transportando el balón, al correr pisa dentro del círculo.

9) **GOL:** Jugador a horcajadas sobre la raya del círculo, recibe el balón en su mano interna.

10) **GOL:** Jugador a horcajadas sobre la raya del círculo recibe el balón en su mano externa y rápídamente pasa el balón a su mano interna.

11) GOL: Jugador sentado sobre los hombros de un jugador del mismo equipo que se encuentra dentro del círculo.

12) NO ES GOL: Balón lanzado, al caer golpea la raya del círculo un 50% aproximadamente.

13) NO ES GOL: Balón rodado muere sobre la raya del círculo.

14) NO ES GOL: Balón rodado pasa sobre el círculo sin detenerse.

15) NO ES GOL: Jugador a horcajadas sobre la raya del círulo recibe el balón a la altura de la cintura.

16) NO ES GOL: Jugador a horcajadas sobre la raya del círculo, recibe el balón en su mano externa.

EXPULSIONES:

Una falta conceptuada intencional por el árbitro, causa expulsión Inmediata del jugador quien podrá ser reemplazado.

Cinco faltas de un jugador consideradas por el àrbitro, no intensionales, da para expulsión, pero podrá ser reemplazado por otro jugador de su equipo, no expulsado durante el juego.

ÁRBITROS:

Serán tres, uno oficiará como central o interno con mando absoluto y dos externos en las cabeceras del rectángulo quienes controlan que a espaldas del árbitro no se violen las reglas, en cuyo caso detendrá el juego mediante silbato y las denunciará al árbitro central; además, pero solo a expresa consulta del árbitro, lo asesorará para una decisión de si hubo o no gol, en cuyo caso su respuesta deberá ser audible y visible. Las respuestas del árbitro serán irrefutables e irreversibles.

VESTUARIO:

Zapatillas tenis, calcetines, camiseta y pantaloneta. Numeración obligatoria del 1 al 10.

ACTITUDES:

1) Al Iniciarse el partido, los jugadores de ambas escuadras deberán estar atrás de sus respectivas líneas de saque.

   Igualmente después de cada gol, concediéndole el balón al equipo que sufrió el gol.

2) La decisión de quién abre el partido, se toma mediante el cobro de una moneda. Una vez ganando el saque, un jugador del equipo favorecido, va al centro del campo y con el balón en las manos.cuando el árbitro pite indicando que el partido inicia, de inmediato deberá hacer un pase de retroceso.

   Quien de su equipo reciba el balón, podrá sosteniendo el balón, caminar, correr en cualquier dirección ; hacia adelante, hacia atrás, hacia los lados dar pases lanzados o rodados, nunca entregados, siempre en las manos, eludiendo rivales.

3) El balón podrá ser jugado con las manos, la cabeza, el pecho o los hombros, para anotación del gol, o haciendo malabares.

   Accionarlo con el pié o la pierna, será falta.

4) El jugador que esté en posición del balón no debe atropellar a nadie y lograr que el balón en forma directa o indirecta haga contacto con la parte interna del círculo pintado en el suelo en terreno de su oponente, para anotar un punto o gol.

5) Cuando el balón sale por los laterales deberá ser retomado al campo de juego desde afuera, en pase no restringido lanzado o rodado por el equipo contrario a el último en jugarlo y por el mismo sitio de salida, pero cuando sale por la línea final, quien haya de devolverlo, deberá situarse al lateral y extremo a la esquina inmediata al sitio de salida para desde allí retornarlo a juego.

6) El equipo contrario al del jugador que lleva el balón, tiene plena potestad para intentar apresar, exclusivamente, a quien lo transporta, y para ello podrá agarrarlo por la muñeca o por el brazo o con sus propios brazos amarrarlo, abrazándolo por la espalda, de frente o de lado, o reteniéndolo o por las caderas, pero nunca por las piernas o la camiseta.

7) Tan pronto esté aprehendido el jugador que transporta el balón, el árbitro pitará de inmediato evitando todo forcejeo. El pito del árbitro en balonpesado no significa siempre una falta, sino una detención del juego. Quien transportaba el balón y fue apresado, lo conservará; pero por haber sido apresado ya no podrá avanzar más con él, sino que desde el mismo sitio de la detención deberá hacer un pase lanzado o rodado en tres segundos o pierde el derecho al balón para que el juego prosiga. Quien lo había apresado, deberá soltarlo tan pronto suene el pito del árbitro y distanciarse de él, mínimo un metro. Aprehendido quien ataca, dará pase hacia atrás en el campo contrario y en cualquier sentido en el propio campo.

8) Ningún jugador puede entrar con la cabeza baja cuando se disputa el balón. Por lo cual habrá retención del juego.

CREADOR DEL BALONPESADO:

ROBERTO LOZANO BATAYA
C.C. No. 2'488.840 Buenaventura

INSTRUCTOR:

JACINTO MORENO (JACHO)

DIBUJOS:

ALFREDO CEDEÑO LUICE

D I A G R A M A

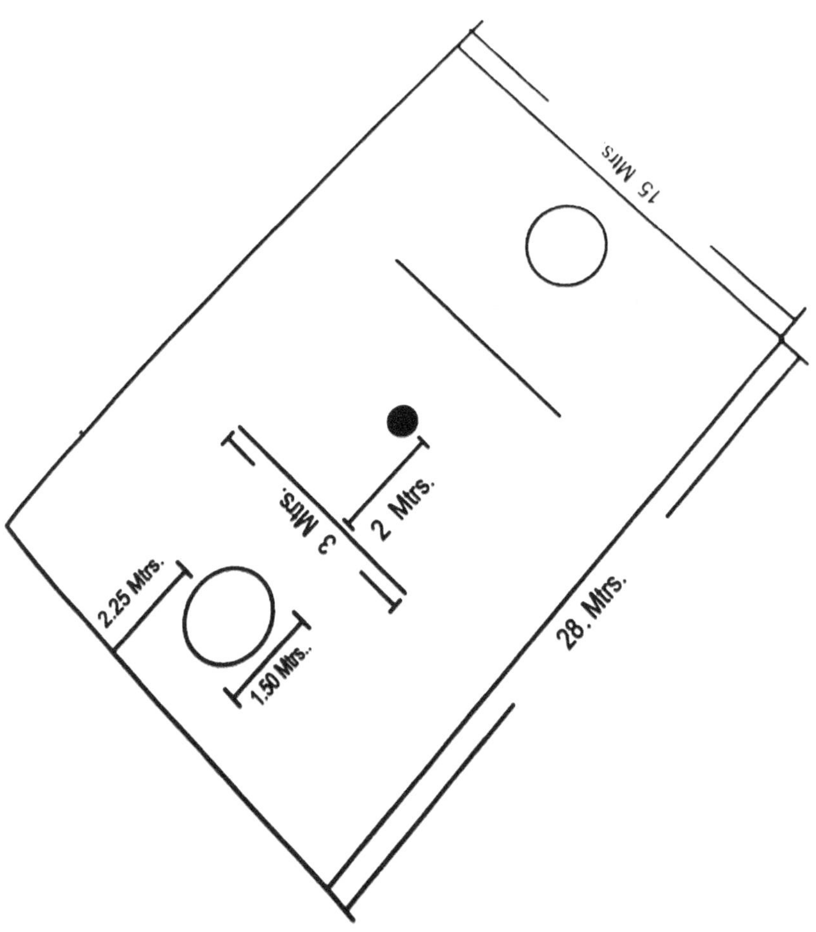

Todos los trazos del campo serán de 0,07 cm.

NUESTRA META
ESTAR EN LOS
JUEGOS
NACIONALES
AÑO 2000

- **1999:** competido en los Juegos Departamentales del Valle del Cauca celebrados en el municipio de Andalucía. **Por primera vez compiten en la rama femenina.**

- Traslado de la Liga Vallecaucana de Balonpesado de Palmira a Buenaventura.

- **2001:** competido en los Juegos Departamentales del Valle del Cauca celebrados en Guacarí.

- **2002:** competido en las olimpiadas comunales de Buenaventura con cien equipos entre femeninos y masculinos, logrando el primer lugar como la disciplina deportiva con mayor número de equipos registrados.

- **2003:** competido en los Juegos Departamentales del Valle del Cauca celebrados en Sevilla.

- **2005:** competido en los Juegos Departamentales del Valle del Cauca celebrados en Yumbo.

- **2007:** segundo partido internacional no oficial contra Estados Unidos.

- **2009:** creación del Acuerdo N° 005 del Concejo Distrital de Buenaventura donde se reconoce al Balonpesado como Patrimonio Cultural y Deportivo de Buenaventura.

La Liga Vallecaucana de Balonpesado en el año 2009 impulsó un proyecto de acuerdo ante el Concejo Distrital para que se reconociera el balonpesado como patrimonio cultural inmaterial de Buenaventura, exponiendo los siguientes motivos:

EXPOSICIÓN DE MOTIVOS

HONORABLES CONCEJALES:

El 27 de marzo de 1973, hace 30 años, nació en Instituto Técnico Industrial Gerardo Valencia Cano de Buenaventura, el **BALONPESADO**, inventado por el profesor bonaverense Roberto Lozano Batalla, constituyéndose en 1974 tras exhaustiva investigación extendida a 25 naciones en la única disciplina de conjunto reconocida por Coldeportes Nacional como autóctona colombiana y oriunda de Buenaventura, lo cual le ha permitido ingresar, entre más de 600 deportes en el mundo, al prestigioso grupo de menos de 30 deportes de conjunto creados en la historia de la humanidad; deporte que en su breve lapso de vida ha extendido su práctica y exhibe los siguientes créditos: 14 corregimientos de Buenaventura, 24 municipios del Valle del Cauca, 19 departamentos de Colombia y 19 naciones de tres continentes: Asia, Europa y América.

Competido en las Olimpíadas Portuarias de Buenaventura en 1984, 1986, 1988 y 1990, cada vez en octogonales.

Acogido desde 1978 en todos los Juegos Deportivos del Litoral Pacífico (Chocó, Valle, Cauca y Nariño), mereciendo en 1990 cuando los Juegos en Buenaventura, el calificativo otorgado por Coldeportes Nacional como Deporte Símbolo de los Juegos, y desde 1981, participante en todos los Juegos Deportivos del Valle del Cauca.

EXPOSICIÓN DE MOTIVOS

Por 14 años consecutivos ha sido en Buenaventura, en femenino y masculino, por el número de equipos a juego, el mayor competidor en los Juegos Deportivos Interescolares, en los Intercolegiados, así como también ahora en las II Olimpíadas Comunales de la ciudad del 2002, agrupando en femenino y masculino 100 equipos y superando en simpatía al milenario fútbol que con 80 equipos ocupó el segundo lugar sobre microfúbol, baloncesto y volibol, respectivamente.

En 1994, el ex Director Nacional de Coldeportes, **Oscar Azuero Ruiz**, organizó en el Coliseo el Salitre de Bogotá, el VIII Campeonato Mundial de Deportes Autóctonos de **TAFISA** (Trim And Fitness Internacional Sport Assosiation, o su equivalente en español: Asociación Internacional Deportiva de Entrenamiento y Acondicionamiento Físico), entidad de la cual él es el vicepresidente, quien a través de la Alcaldía Municipal invitó a Colombia representada por el **BALONPESADO** que concursó entre 14 países y logró el título bajo la Dirección Técnica de **Jacinto Moreno Gamboa "Jacho"** (septiembre 12 al 18 de 1994).

En Buenaventura, contando siempre con la presencia de los alcaldes de turno, de las autoridades deportivas y del crédito militar en la Escolta Bandera a cargo de la Fuerza Naval del Pacífico, en 1973, se confrontó en el Coliseo Municipal contra los Estados Unidos; en 1976 contra Cuba y en el mismo año contra Alemania Occidental; en 1977, 1984, 1985 y

EXPOSICIÓN DE MOTIVOS

1987, contra México, y también en 1987 contra la Unión Soviética, siendo estos ochos eventos, hasta hoy, los únicos encuentros internacionales deportivos de conjunto cumplidos en la ciudad.

En 1997 realizó en el cuartel de la Policia Metropolitana de Cali, el Primer Campeonato Departamental del Valle exclusivo entre Auxiliares Bachilleres de la Policia Nacional.

Desde el primero de octubre de 1999 y por primera vez, Buenaventura es sede de una Liga Deportiva Departamental, la del Valle en **BALONPESADO**, y desde hace 18 años (1986 a 2003), **BALONPESADO** es cátedra en la Universidad del Valle Sede Pacifico.

En mérito de lo anterior, y con sentido de pertenencia, la Administración Municipal estima necesario reivindicar ante su comunidad, el Departamento y la República, la opaca trascendencia que se le ha dado a este deporte nuestro que nos exalta y singulariza en el mundo, un verdadero patrimonio cultural de la ciudad y la nación; a ese efecto de rescate social, presento a ustedes Honorables Concejales el siguiente **Proyecto de Acuerdo**, recabándoles su estudio de aprobación en tiempo que nos permita promulgarlo en oportunidad de su 30 aniversario en marzo 27 de 2003.

Cordialmente,

✳ **JAIME MOSQUERA BORJA**
Alcalde Municipal de Buenaventura

Luego de ser debatido en el Concejo Distrital de Buenaventura fue aprobado por unanimidad, acordando lo siguiente:

ACUERDO No. 05

(1 6 SEP 2009

"POR MEDIO DEL CUAL SE RECONOCE Y DECLARA EL BALONPESADO COMO EL DEPORTE DISTRITAL DE BUENAVENTURA, SE PROMUEVE SU PRACTICA EN LAS INSTITUCIONES EDUCATIVAS DE BUENAVENTURA".

EL CONCEJO DISTRITAL DE BUENAVENTURA, en uso de sus atribuciones Constitucionales, consignadas en los Artículos 8,52,67,70,71 y 313 numeral 9 de la Carta Política; y legales, especialmente las conferidas en el articulo 32 numeral 8, de la Ley 136 de 1994; y en los artículos 27 y 28 de la Ley 397 de 1997,y

ACUERDA

ARTÍCULO PRIMERO: Declárese a la disciplina deportiva del BALONPESADO, deporte creado en Buenaventura, el 27 de Marzo de 1973 por el Profesor Roberto Lozano Batalla, como patrimonio deportivo y Cultura del Distrito de Buenaventura.

ARTÍCULO SEGUNDO : Para el desarrollo de la declaratoria anterior, las instituciones educativas en el territorio Distrital de Buenaventura, deberán enseñar, promover y practicar el BALONPESADO; e incluir como una disciplina deportiva en los torneos intramurales, intercolegiados e interuniversitarios.

ARTÍCULO TERCERO: La Alcaldía Distrital de Buenaventura a través de la Dirección Técnica de Deportes atenderá el desarrollo de esta disciplina deportiva, considerando prioridad su apoyo para el BALONPESADO y presupuestará las partidas necesarias para que se cumpla este objetivo.

ARTÍCULO CUARTO: La Dirección Técnica de Deportes asumirá: La masificación de la disciplina deportiva; La constitución de clubes; La fortificación de su Comité Distrital; Coadyuvar a la Consolidación de la Liga Departamental de BALONPESADO del Valle del Cauca; promoverá la creación de la Federación Nacional de BALONPESADO; La proyección internacional de este deporte; las asesorías a las entidades públicas y privadas que la requieran.

ARTÍCULO QUINTO: La Alcaldía Distrital de Buenaventura a través de la Secretaria de Educación, La Dirección Técnica de Deporte, La Dirección Técnica de Cultura y/o otras entidades que hagan sus veces difundirán permanentemente el BALONPESADO, como patrimonio deportivo y cultural del Distrito.

ARTÍCULO SEXTO: El presente Acuerdo rige a partir de su publicación y deroga todas las disposiciones que le sean contraídas.

Se expide en el salón de sesiones del Honorable Concejo Distrital de Buenaventura a los Siete (07) días del mes de Septiembre de dos mil nueve (2009).

WISTONG SEGURA VALENCIA
PRESIDENTE

MABEL LOBATON SINISTERRA
SECRETARIA GENERAL

CONSTANCIA DE SECRETARÍA: La Secretaria del Honorable Concejo Distrital de Buenaventura, CERTIFICA que el presente Acuerdo fue debatido y aprobado en días de sesiones Extraordinarias distintas así:

PRIMER DEBATE: en la comisión Cuarta General o de Acción Social y Derechos Humanos, el 03 de Septiembre de 2009.

SEGUNDO DEBATE: en plenaria del Siete (07) de Septiembre de dos mil nueve (2009).

REMISIÓN: hoy ocho (08) de Septiembre de dos mil nueve (2009), remito el presente Acuerdo a la Alcaldía Distrital para su respectiva sanción.

MABEL LOBATON SINISTERRA
SECRETARIA GENERAL

SECRETARIA DE GOBIERNO Y SEGURIDAD CIUDADANA: en la fecha para el despacho del Alcalde Distrital para su sanción correspondiente.

HENRY MORENO MOSQUERA
SECRETARIO DE GOBIERNO Y SEGURIDAD CIUDADANA

ALCALDE DISTRITAL: en el despacho de la Alcaldía Distrital se sanciona el presente Acuerdo hoy. 18 SEP 2009

JOSÉ FELIX COFRO MINOTTA
ALCALDE DISTRITAL

HENRY MORENO MOSQUERA
SECRETARIO DE GOBIERNO Y SEGURIDAD
CIUDADANA.

SECRETARIO DE GOBIERNO Y SEGURIDAD CIUDADANA: El Secretario de Gobierno y Seguridad Ciudadana CERTIFICA: que el presente Acuerdo fue publicado en el día de hoy. 17 SEP 2009

HENRY MORENO MOSQUERA
SECRETARIO DE GOBIERNO Y SEGURIDAD CIUDADANA

OFICIO........................026

EL SUSCRITO DIRECTOR DE LA OFICINA DE COMUNICACIONES DE LA ALCALDIA MUNICIPAL DE BUENAVENTURA

CERTIFICA:

Que el ACUERDO No 05 de 2009, " POR MEDIO DEL CUAL SE RECONOCE Y DECLARA EL BALONPESADO COMO EL DEPORTE DISTRITAL DE BUENAVENTURA, SE PROMUEVE SU PRACTICA EN LAS INSTITUCIONES EDUCATIVAS DE BUENAVENTURA "

Fue presentado a esta oficina para su correspondiente publicacion hoy 17 de septiembre de 2009

Para constancia se firma en Buenaventura, a los 17 dias del mes de septiembre de 2009

Vo. Bo. PRENSA ALCALDIA
BUENAVENTURA
DIRECTOR

HUGO HERRERA S.
Director de Comunicaciones

Proyecto y elaboro Amparo S

Foto de archivo. Calidad de archivo.

LA SUSCRITA SECRETARIA GENERAL DEL HONORABLE CONCEJO DISTRITAL DE BUENAVENTURA (VALLE DEL CAUCA)

CERTIFICA:

2. Que el Acuerdo 05 de Septiembre de 2009, "POR MEDIO DEL CUAL SE RECONOCE Y DECLARA EL BALONPESADO COMO EL DEPORTE DISTRITAL DE BUENAVENTURA, SE PROMUEVE SU PRACTICA EN LAS INSTITUCIONES EDUCATIVAS DE BUENAVENTURA. Fue presentado a iniciativa del Señor Alcalde Distrital Ingeniero **JOSE FELIX OCORO MINOTTA.**

Para constancia se firma en Buenaventura a los ocho (08) días del mes de Septiembre de dos mil nueve (2009).

Atentamente,

MABEL LOBATON SINISTERRA
SECRETARIA GENERAL

En 2009 el Balonpesado deja de disputarse en juegos departamentales dado que no cumplía con los requerimientos exigidos para ser deporte de competición, lo cual se ve representado en las siguientes cartas:

REPÚBLICA DE COLOMBIA
DEPARTAMENTO DEL VALLE DEL CAUCA
ALCALDÍA DISTRITAL DE BUENAVENTURA
SECRETARÍA DE GABINETE
NIT. 890.399.045-3

ADB-SG-200-077.0193
Buenaventura, 5 de mayo de 2009

Doctor
JUAN CARLOS ABADÍA CAMPO
Gobernador del Valle del Cauca
Santiago de Cali

ASUNTO: PARTICIPACIÓN DE BALONPESADO EN JUEGOS
DEPARTAMENTALES 2009

Muy respetado señor Gobernador

Atendiendo lo requerido por Indervalle en su Carta Fundamental de los Juegos Deportivos de Cartago en noviembre/2009, ocho municipios suscribieron carta de intención de participación, tanto en femenino como en masculino, en **Balonpesado**, el único deporte autóctono colombiano reconocido por Coldeportes, entre juegos de conjunto, vallecaucano, nativo de Buenaventura y creado por el bonaverense Roberto Lozano Batalla, el cual con estas justas haría su novena presentación en los Departamentales (Roldanillo-1981, Cartago-1991, Buga-1994, Jamundí-1997, Andalucía-1999, Guacarí-2001, Sevilla-2003, Yumbo-2005) cartas compromisorias recibidas por la entidad rectora el 25 de abril-2009, 14 días antes de la fecha programada de cierre a las inscripciones, como consta en el recibido de las copias anexas, fijadas para el 9 de mayo-2009, sin que hasta la fecha se haya producido respuesta oficial.

Pocos días después, el diario El País publicó los deportes que Indervalle señaló competirían y al final informaba que Balonpesado igual actuaría, pero de EXHIBICIÓN.

Los bonaverenses creímos que Indervalle rectificaría directamente a los afectados por ese comunicado, lo cual no ha ocurrido, y ello causa entre los actores deserción por cuanto el plan de todos es ganar compitiendo por las medallas, lograr el puntaje que confiere la clasificación y con ello justificar hacia las delegaciones su inversión. Algunos ya han bajado la guardia, y el aviso corrector cuanto más tarde, más nefasto será a la preparación de cualquier disciplina.

En el día de ayer, 4 de mayo/09, se publicó el Boletín de Prensa 26-09 de Indervalle, en el cual fueron definidas las sedes para el lanzamiento, inauguración y clausura de los Juegos, distribuyendo entre los municipios de Cartago, Ansemanuevo y Obando, los deportes a competir, brillando por su ausencia Balonpesado.

Ha sido pregón de su administración defender la región y todo lo suyo, Balonpesado en sus 36 años de vida y principalmente con esfuerzo propio, luce una meritoria trayectoria, como decir,

que su práctica ha sido extendida a 38 municipios del Valle, 24 departamentos del país y a 19 naciones de 3 continentes: Asia, Europa y América; ganador por Colombia entre 14 países en el mundial de deportes autóctonos de TAFISA, dirigido en Bogotá, septiembre 12/18/1994, por Oscar Azuero Ruiz, ex director de Coldeportes, calificado por National Geography Channel en documental del 20 de julio de 2006, como *"un gran aporte de Colombia para el mundo"*, méritos que enarbola para pedir apoyo jurídico del Departamento que lo vio nacer.

Por lo anterior señor Gobernador, le pido el favor de coadyuvar para que la ilusión nuestra, representante de miles, renazca en su fe y pueda el Balonpesado seguir creciendo como símbolo, no solo deportivo sino cultural del Valle del Cauca.

Le ruego su amable respuesta.

Cordialmente,

JOSÉ FÉLIX OCORÓ MINOTTA
Alcalde Distrital de Buenaventura

Proyectó: Jorge Hernán Lopera Jaramillo
Elaboró: Maribel Solís Riascos

Copia: Archivo

Santiago de Cali, mayo 28 de 2009

200-097-002
209-0125-09

Doctor
JOSE FELIX OCORO MINOTTA
Alcalde Distrital
Alcaldía Distrital de Buenaventura
Edificio Centro Administrativo Distrital – CAD
Calle 2 Carrera 3ª piso 9
Buenaventura – Valle

Asunto: Respuesta Comunicado oficial No. 2979 de mayo 14 de 2009
Participación Balonpesado en Juegos Departamentales

Cordial saludo,

Con la presente me permito presentar mis felicitaciones por su labor que viene desarrollando en toda la comunidad Bonaverense así como en del deporte Vallecaucano en el sector del Pacífico de nuestro Departamento, que bueno que en esta región existan personas que estén interesadas en que la juventud este practicando deporte y aún mas el deporte autóctono de nuestra comarca que se ha ido extendiendo por todo nuestro querido departamento.

Sabemos que el deporte de Balonpesado ha estado participando como deporte oficial continuo en esa misma época en Buga en el año 94, siguiendo en el año 97 y de ahí en adelante se acentuó su crecimiento en Guacarí, El Cerrito y Ginebra, Zarza, Sevilla y Caicedonia 2001, Yumbo 2006 y Buga 2007 en estas justas su deporte autóctono fue de exhibición por lo que le sugiero muy respetuosamente que tanto la parte administrativa como la técnica le preste mas atención, ya que este deporte solo aparece en la época de Juegos y luego pasados los mismos desaparece toda la infraestructura que requiere para que un deporte siga funcionando y tenga todos los reconocimientos legales, lo cual no permite su desarrollo.

Atentamente,

RAUL FERNANDO MONTOYA AYERBE
Gerente

Copia: Doctor Juan Carlos Abadía – Gobernador del Valle del Cauca
(General)

Proyecto: Leonor P

FO-225-010

INSTITUTO DEL DEPORTE, LA EDUCACION FISICA Y LA RECREACION DEL VALLE DEL CAUCA

Foto de archivo. Calidad de archivo.

- **2010:** inclusión del balonpesado en la Universidad del Pacífico.

En el año 2011, el señor Carlos Arturo Cuellar Belalcázar, entrenador y juez de balonpesado residente en el Distrito Especial de Buenaventura, decidió crear el himno del balonpesado, como él lo mencionó «el deporte que ama». A continuación, se anexa la letra del himno; se hace aclaración de que este solo se encuentra en letras. Al momento de publicación de esta obra no existe producción audiovisual del mismo.

Y ES SU NOMBRE BALONPESADO

I

EN EL AÑO 73, FUE CREADO UN DEPORTE COLOMBIANO. ES SU NOMBRE BALONPESADO, UN DEPORTE CREADO CON AMOR, FUE BATALLA SU CREADOR, UNA GLORIA DE LA NACIÓN, QUIEN NOS TIENE VIVIENDO COMO HERMANOS. SINTIENDO ESTE DEPORTE CON TODO EL CORAZÓN.

CORO

Y ES SU NOMBRE BALONPESADO. UN DEPORTE... VALLECAUCANO... QUIEN NOS TIENE VIVIENDO COMO HERMANOS SINTIENDO ESTE DEPORTE CON TODO EL CORAZÓN

II

FUE BATALLA SU CREADOR Y JACINTO LO PROMOVIÓ OTRA GLORIA NACIONAL DEL DEPORTE SE ENTREGÓ POR COMPLETO CON ALMA Y CON AMOR

CORO

Y ES SU NOMBRE BALONPESADO. UN DEPORTE... VALLECAUCANO... QUIEN NOS TIENE VIVIENDO COMO HERMANOS SINTIENDO ESTE DEPORTE CON TODO EL CORAZÓN

III

EN EL ITI FUE QUE NACIÓ. Y EL SEMINARIO POR FIN JUGÓ. ALGO INCREÍBLE NUNCA SE HABÍA VISTO NACIÓ EL BALONPESADO DEPORTE DE MI REGIÓN

CORO

Y ES SU NOMBRE BALONPESADO. UN DEPORTE... VALLECAUCANO... QUIEN NOS TIENE VIVIENDO COMO HERMANOS SINTIENDO ESTE DEPORTE CON TODO EL CORAZÓN

IV

COLDEPORTES RECONOCIÓ A ESTE JUEGO DIJO AL CREADOR. CÓMO ÚNICO DEPORTE COLOMBIANO PARA JUEGO DE CONJUNTO ORGULLO DE MI REGIÓN

CORO

Y ES SU NOMBRE BALONPESADO. UN DEPORTE... VALLECAUCANO... QUIEN NOS TIENE VIVIENDO COMO HERMANOS SINTIENDO ESTE DEPORTE CON TODO EL CORAZÓN

V

BUENAVENTURA ALEGRE ESTÁ PUES SU DEPORTE YA ES OFICIAL Y EN EL MURAL QUE CUENTA TODA SU HISTORIA ESTÁ LOZANO BATALLA OTEANDO SU BELLO PUERTO DEL MAR

CORO

Y ES SU NOMBRE BALONPESADO. UN DEPORTE... VALLECAUCANO... QUIEN NOS TIENE VIVIENDO COMO HERMANOS SINTIENDO ESTE DEPORTE CON TODO EL CORAZÓN

2013: participación del Balonpesado como deporte de exhibición en los World Games del 2013 celebrados en Cali, Valle del Cauca.

WORLD GAMES 2013

En el año 2012 dirigentes de la Liga Vallecaucana de Balonpesado se enteraron de que en el año 2013, del 25 de julio al 4 de agosto, tendría lugar un evento de talla mundial en Cali, Colombia: los World Games o Juegos Mundiales, que son un evento multideportivo en los que participarían para esta ocasión 108 países de todo el mundo, y cuyas pruebas son deportes que no participan en los Juegos Olímpicos. Pero este evento no contemplaba la oportunidad de poder exhibir el balonpesado, hecho que disgustó a los dirigentes de la Liga, que se propusieron buscar el apoyo político que les permitiera participar en este certamen deportivo, buscaron el apoyo de la Asamblea Departamental del Valle del Cauca, la cual el 8 de marzo de 2012 le remitió una carta firmada por 6 de los 21 diputados del Departamento a José Luis Echeverri, quien era el director deportivo de los Juegos Mundiales en la cual expresaban:

Buenaventura, según Acuerdo N° 05 de Septiembre 17 de 2009, del Concejo Distrital.

El máximo rector del deporte en Colombia es **Coldeportes**, organismo adscrito al **Ministerio de Cultura** entendiéndose en consecuencia a los deportes como parte de la cultura de los pueblos, o mejor como *"elemento"* de ésta, según lo definiera la Ministra del gobierno anterior Paula Marcela Moreno Zapata, en la celebración de los 10 años de esta cartera.

Por ello, para darle el soporte a esta petición, nos sustentaremos en la normatividad existente en materia más que deportiva cultural, toda vez que debemos mirar la disciplina del **Balonpesado** como un valor cultural nuestro, como lo es el currulao, la cumbia, el bambuco, el tejo, el bombo, el conuno o el guazá, etc., con toda la connotación que representa como patrimonio cultural inmaterial, de nuestra región y por ende de la nación.

Así, el Artículo 8 de la Carta Política señala que *'Es obligación del Estado y de las personas proteger las riquezas culturales y naturales de la Nación"*, el Artículo 52 de la misma norma enseña que *'El ejercicio del deporte, sus manifestaciones recreativas, competitivas y **autóctonas** tienen como función la formación integral de las personas, preservar y desarrollar una mejor salud en el ser humano. El deporte y la recreación, forman parte de la educación y constituyen gasto público social "*, al tiempo que indica en el Artículo 67, que con la educación, se busca el acceso al conocimiento, a la ciencia, a la técnica, y a los demás bienes y <u>valores de la cultura</u> y el 70 establece que *<u>"El Estado tiene el deber de promover y fomentar el acceso a la cultura</u> de todos los colombianos en igualdad de oportunidades, por medio de la educación permanente y la enseñanza científica, técnica, artística y profesional en todas las etapas del proceso de creación de <u>la identidad nacional. La cultura en sus diversas manifestaciones es fundamento de la nacionalidad</u>. El Estado reconoce la igualdad y dignidad de todas las que conviven en el país. <u>El Estado promoverá la investigación, la ciencia, el desarrollo y <u>la difusión de los valores culturales de la Nación</u>*.

En este orden de ideas, como padres del Departamento y líderes naturales de la región, comedidamente le solicitamos su intervención y voluntad política, a fin de que Balonpesado no se quede por fuera de estas justas mundialistas que se escenificarán en su propia casa. Sería no solamente una injusticia, sino un contrasentido constitucional, cuando nuestra carta magna nos obliga a todos por igual la protección y difusión de nuestros valores culturales, como este deporte autóctono de Colombia, nacido en Buenaventura.

La idea es que se le facilite, como a las otras disciplinas foráneas, la creación cuanto antes de su Federación, para que en lo posible pueda entrar como deporte de competición, y que si acaso esto no se alcanza, en todo caso Balonpesado pueda actuar como deporte de exhibición, como una oportunidad inigualable, en ese escenario de difundir nuestros valores culturales.

Agradecemos su amable atención y la gestión que pueda adelantar al respecto.

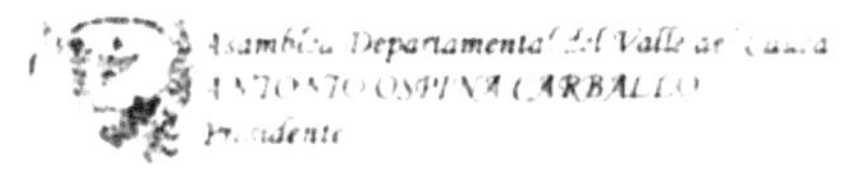

Santiago de Cali, 08 de marzo de 2012

Doctor
JOSÉ LUÍS ECHEVERRI
Director Deportivo
LOS JUEGOS MUNDIALES 2013
Santiago de Cali

ASUNTO: SOLICITUD DE APOYO AL BALONPESADO.

Respetado Doctor

Los abajo firmantes, Diputados del Valle del Cauca, acudimos a usted en procura de sus buenos oficios para conseguir evitar algo que no sólo consideramos una gran injusticia sino además un grave error histórico de la institucionalidad para con el deporte nacional.

Toda aquella nación que haya obtenido, en algún momento de su historia, la posibilidad de ser sede de algún evento internacional, ha utilizado la ocasión para presentar al mundo su historia, su arquitectura, su gente y en general su cultura. Sin embargo, desconociendo este derecho, Colombia anuncia que ahora, cuando va a ser sede de los **WORLD GAMES**, su maximo ente rector deportivo **COLDEPORTES**, va a hacer uso de todos los recursos de los que dispone para crear NUEVE (9) FEDERACIONES DEPORTIVAS de deportes nacidos en otros países, NO EN COLOMBIA, deportes que estoy seguro merecen difusión e incentivos para su práctica en nuestro país, pero ¿MÁS QUE LO NUESTRO?

El **BALONPESADO** es el único deporte para juego de conjunto creado en Colombia, por el profesor Roberto Lozano Batalla, o por lo menos el único reconocido por **COLDEPORTES** hace casi 39 años (Buenaventura Marzo 27 de 1973) mismo tiempo en que el creador de la disciplina y luego los miembros de la Liga Vallecaucana han estado solicitando por todos los medios a su alcance a la institucionalidad el apoyo y la guía para la creación de la Federación, sin encontrar eco.

BALONPESADO en 39 años ha logrado conquistar más competidores que muchas otras disciplinas en el país que cuentan con mayor respaldo y difusión. Ha hecho, con poco respaldo, Un Campeonato Mundial entre 14 países de 3 continentes (En Bogota TAFISA Octubre de 1994), 11 encuentros internacionales, participación en 6 campeonatos departamentales y 3 campeonatos del Litoral Pacífico, ha sido 2 veces el deporte con mayor número de practicantes en los juegos interescolares de Palmira (1993 y 1994), desde 1984 tanto en femenino como en masculino es Rey competidor (con el mayor número de equipos) de los Juegos Interescolares de Buenaventura y es una disciplina reconocida como Patrimonio Deportivo y Cultural del Distrito de

Cordialmente

CARLOS ALBERTO BEJARANO CASTILLO

HUGO ARMANDO BOHORQUEZ CHAVARRO

ROLANDO CAICEDO ARROYO

LUIS ALFONSO CHAVES RIVERA

ANDRES MAURICIO CHICANGO CASTILLO

MARIO GERMAN FERNANDEZ DE SOTO

FRANCINED CANO BRITO

ADRIANA GOMEZ MILLAN

MYRIAM CRISTINA JURI MONTES

LILIANA MAYOR REBELLON

LUIS ORLANDO MINA

WILLIAM MORA VALDERRUTEN

RUBIEL ANTONIO MUÑOZ CORRALES

CARLOS ALBERTO OROZCO FRANCO

ANTONIO OSPINA CARBALLO

LUIS ARLEY OSSA GONZALEZ

AMANDA RAMIREZ GIRALDO

RAMIRO RIVERA VILLA

LUIS ENRIQUE RUIZ MILLAN

MAURICIO VALDES CONCHA

ARGIRIO DE JESUS VILLEGAS RAMIREZ

Ante dicha petición, el 22 de marzo de 2013 el director de los Juegos Mundiales respondió con el siguiente documento oficial:

EL SUSCRITO DIRECTOR DEPORTIVO DE LOS WORLD GAMES 2013 CALI

CERTIFICA:

Que el **BALONPESADO**, único deporte de conjunto creado en Colombia, nacido en Buenaventura - Valle el 27 de marzo de 1973, invento del profesor Roberto Lozano Batalla, y reconocido por **COLDEPORTES**, fue aceptado por la Organización de estas justas mundialistas que se llevarán a cabo en Cali del 25 de julio al 4 de agosto de 2013, como **Deporte de Exhibición**.

Esta certificación se expide, a fin de facilitar que los representantes de este Deporte consigan apoyo y/o patrocinadores.

En constancia se firma en Santiago de Cali, a los 22 días del mes de marzo de 2013.

JOSÉ LUIS ECHEVERRY AZCARATE
DIRECTOR DEPORTIVO
THE WORLD GAMES 2013 CALI

Calle 9 No. 32A-16 Piso 3 Centro Sur Plaza   PBX: 519 02 40 Cali   Colombia
contacto@losjuegosmundiales2013.com   www.losjuegosmundiales2013.com

Esta respuesta tardía (1 año y 16 días después de enviada la solicitud de inclusión) garantizaba la aceptación del balonpesado dentro de estas justas, pero el que se hiciera efectiva su participación en dicho evento era responsabilidad absoluta de la Liga Vallecaucana, que no contaba con el apoyo de los entes municipal, departamental ni nacional encargados del ámbito deportivo en sus diferentes niveles y además se encontraba a poco menos de 4 meses de realizarse este evento. Esto supuso un reto para la Liga, que envió cartas a diferentes entidades públicas y privadas solicitando aportes monetarios o materiales por la suma de 50 millones de pesos, los cuales se emplearían en uniformes, hidratación, alimentación, transporte, alojamiento, pago de árbitros, publicidad e incluso medallería debido a que los World Games no suplirían ninguna de estas necesidades. En respuesta a las cartas de patrocinio, recibieron aportes de la Alcaldía Distrital de Buenaventura por valor de 25 000 000 de pesos, Club de Leones Monarca Buenaventura por valor de 5 000 000 de pesos, la empresa Apuestas Unidas aportó 30 uniformes para los jueces y árbitros y ese aporte se evalúo en 4 000 000 de pesos, la empresa Hidropacífico aportó 1 000 000 de pesos representados de la siguiente manera: 700 000 pesos en efectivo y una donación en especie, representada en el agua para la hidratación durante los días de competencia avaluada en 300 000 pesos y la empresa de Calzado Venus donó 10 pares de zapatillas para los árbitros, aporte este avaluado en 1 000 000 de pesos, y con todos estos aportes recibidos, se llegó a la suma total de 36 000 000 de pesos. Al no poder alcanzar la cifra esperada para poder participar en los World Games, la familia de Roberto recurrió al uso de ahorros para poder tener un colchón financiero que si bien no lograba la meta esperada, les permitiría aumentar un poco más lo que ya habían obtenido, gracias a las entidades aportantes. Al llegar las competencias, se realizó un doble cuadrangular en femenino y masculino; en femenino participaron los equipos de la Universidad del Valle sede Pacífico, la institución educativa Normal Superior Juan Ladrilleros de Buenaventura, el colegio Compartir de la ciudad de Cali y el Colegio Leonístico propiedad del Club de Leones Monarca; en masculino, los equipos de La institución educativa Normal Superior Juan Ladrilleros de Buenaventura, Colegio Compartir de Cali, Colegio Leonístico y la segunda brigada de la Armada Nacional de Colombia, siendo esta la primera vez que la Armada Nacional Colombiana participa en un evento deportivo de talla mundial, y se dispusieron a trasladarse a la ciudad de Cali para participar en las justas deportivas. Pero los contratiempos no acababan para nuestro deporte autóctono: al llegar a la ciudad de Cali se comunicaron con los organizadores del evento y se dieron cuenta de que el balonpesado no se encontraba dentro de la programación y por consiguiente no contaba con un escenario para su exhibición. Luego de producirse una discusión por parte de los organizadores del evento y los dirigentes de la Liga Vallecacucana de balonpesado por la evidente falta de respeto para con ellos, a última hora incluyeron el balonpesado dentro de la programación del evento y se le asignó como escenario la Universidad Santiago de Cali, la cual acogería las exhibiciones del deporte durante cuatro días. Este evento contaría con la presencia de medios de comunicación locales y regionales. Los resultados del cuadrangular masculino fueron los siguientes:

- Primer lugar para la institución educativa Normal Superior Juan Ladrilleros.

- Segundo lugar para el Colegio Compartir.

- Tercer lugar para la Armada Nacional de Colombia y de este equipo salió el goleador del certamen.

- Cuarto lugar el Colegio Leonístico.

Los resultados en femenino fueron los siguientes:

- Primer lugar para la institución educativa Normal Superior Juan Ladrilleros.

- Segundo lugar para la Universidad del Valle sede Pacífico; en este equipo participaba Miladis Alomía, goleadora del certamen.

- Tercer lugar el Colegio Compartir.

- Cuarto lugar el Colegio Leonístico.

Al finalizar el encuentro estuvo presente el senador Edinson Delgado Ruiz, el diputado del Valle del Cauca Rolando Caicedo Arroyo, el Secretario de Gabinete Distrital de Buenaventura Lewis Montaño y el Presidente de la Asamblea Departamental Mario Germán Fernández de Soto.

Al finalizar los encuentros, la organización de los World Games reconoció al balonpesado como el único deporte de conjunto latinoamericano presentado en esta edición de los juegos.

Exhibición de BALONPESADO. Julio 31- Agosto 1 y 2/2013
Coliseo Polideportivo USC Bloque 5 - Campus Pampalinda.

Universidad del Valle
Sede Pacífico
PRESENTE

Los Juegos Mundiales
2013 C A L I
BALONPESADO
(Deporte de Exhibición)
EL BALONPESADO, ÚNICO DEPORTE DE CONJUNTO RECONOCIDO POR
COLDEPORTES COMO COLOMBIANO, ESTARÁ PRESENTE EN LOS WORLD
GAMES CALI 2013 EN CALIDAD DE EXHIBICIÓN.
LA UNIVERSIDAD SANTIAGO DE CALI
SERVIRÁ COMO ORGULLOSA SEDE
A NUESTRA DISCIPLINA.
VER, CONÓCELA, DISFRÚTALA
Y COMPARTE ESTA EXPERIENCIA
CON TUS AMIGOS.
ESTAMOS HACIENDO HISTORIA
Y QUEREMOS QUE SEAS PARTE DE ELLA.
TE ESPERAMOS!
¡ENTRADA LIBRE!
31 de Julio al 2 de Agosto de 2013
de 1 a 6 p.m.
ORGANIZA:
LIGA VALLECAUCANA DE BALONPESADO
AFILIADA A INDEVALLE CON SEDE EN BUENAVENTURA
www.balonpesado.com.co

2017: Inclusión del balonpesado en la Universidad del Quindío, Armenia, Colombia.

El balonpesado llegó a la Universidad del Quindío en su sede principal de la ciudad de Armenia en el año 2017 por Wilton César Perea Angulo (hijo), un joven bonaverense quien en aquel entonces contaba con 17 años de edad y cursaba tercer semestre de Licenciatura en Educación Física y Deportes de la Universidad del Quindío, quien con deseos de destacarse en el ámbito deportivo e influenciado por los logros de diferentes compañeros y amigos como Jessica Montenegro y David Gutiérrez, quienes lograron establecer prácticas como la calistenia y el *street workout*, logrando crear como cursos deportivos dentro del programa de formación de la Universidad del Quindío, ofertados por el área de Bienestar Institucional, deseando él lograr algo similar y en su proceso de pensamiento recuerda un deporte que jugó en sus años de secundaria en las semanas deportivas que se realizaban una vez cada año, un deporte en el cual desde décimo grado destacó por su facilidad para hacer goles, pero desde que se graduó de secundaria no volvió a jugar ni saber de él. Eso lo llevó a investigar y conocer más de este deporte, descubriendo que es el único deporte de conjunto creado en Colombia. Entusiasmado, viajó hacia Buenaventura y decidió comunicarle la idea a su padre —con quien comparte el mismo nombre por completo—. Su padre estudió en el ITI y por ende conocía al profesor Roberto Lozano Batalla y a Jacinto Moreno Gamboa. Rápidamente consiguió sus números telefónicos y pudo contactar primero con el profesor Roberto. Ambos se dispusieron a concretar una fecha para poder tener una charla con él entorno al balonpesado, revisando aspectos como la historia, jugabilidad y reglamento. El profesor Roberto se mostró como una persona sumamente amable y deseosa de compartir sus conocimientos no tan solo del balonpesado sino además parte del trabajo que ha realizado como historiador destacado de Buenaventura. De aquella charla, Wilton pudo obtener varios documentos como el reglamento, reconocimientos hacia el deporte, biografía de Roberto, entre otros documentos que posteriormente serían insumos del documento a presentar para solicitar la inclusión de nuestro deporte autóctono como curso deportivo en la Universidad del Quindío.

Luego de ese proceso, Wilton César Perea Angulo, padre e hijo, se ponen en marcha para preparar el documento a presentar, el cual contenía la propuesta de inclusión del balón pesado en la oferta de cursos deportivos, en la oferta de bienestar institucional y diseñar la manera en la que se debería exponer este. Decidido pero temeroso, Wilton retornó a la ciudad de Armenia con el propósito de presentar su propuesta a quien era la directora de bienestar institucional en su momento y que a fecha de publicación de este libro lo sigue siendo, la señora Natalia Jaramillo Robledo, quien lo atendió el 27 de mayo de 2017 y que posterior a la exposición realizada decidió aceptar la propuesta de inclusión del balonpesado en el pensum académico del programa Educación Física y Deporte, la cual se hace efectiva para el segundo semestre de ese mismo año en el mes de agosto, logrando irradiar a estudiantes de diferentes carreras y regiones del país. Ese mismo año, en el marco de las fiestas universitarias, se realizó la primera exhibición de Balonpesado en la Universidad del Quindío contando con la presencia de Wilton Perea (padre), Roberto Lozano Batalla y Emanuele Morotti nieto de Roberto y exjugador de Balonpesado participante de los World Games.

Para el año 2018, Wilton Perea hijo, junto a Cristian Nicolai Rangel Porras, realizan la ponencia «Balonpesado un deporte nacido en Colombia» en el IV Congreso Internacional de Experiencias Significativas en Educación Física, Recreación, Deportes y Áreas Afines y II Encuentro de Egresados de Licenciatura en Educación Física y Deportes de la Universidad del Quindío, contando nuevamente con la presencia de Roberto Lozano Batalla, quien realizó una intervención luego de terminada la ponencia.

En ese mismo año, Wilton se interesó por realizar su proyecto de grado con respecto al balonpesado y decidió comentárselo a sus grandes amigos Kelvin Murillo y Cristian Flórez, quien siendo también estudiantes de Educación física aceptaron unirse para realizar el trabajo entre ellos. Lamentablemente, en épocas de vacaciones, el 19 de julio del año 2018 Cristian Flórez pierde la vida en la ciudad de Buenaventura a causa de dos impactos de bala propiciados por actores al margen de la ley, lo cual causa un profundo dolor en sus amigos, conocidos y familiares, dado que era una persona muy divertida, amable, respetuosa y sobre todo con muchos deseos de salir adelante, impulsado además por su hijo, quien no completaba los dos meses de nacido al momento del fallecimiento de su padre. Dicha muerte causa un gran dolor de manera especial en Wilton y Kelvin, quienes deciden seguir adelante con su proyecto investigativo porque consideran que es lo que Flórez hubiera querido, siendo su recuerdo uno de los mayores motivantes para realizarlo y que, además, fruto de ese proyecto se motivó a escribir este libro.

Al iniciar el segundo semestre de 2018, Cristian Porras, estudiante de Educación Física de la Universidad del Quindío y conocedor del deporte balonpesado, viajó hacia México con el grupo de investigación GIFAS del programa de Educación Física de la Universidad del

Quindío, viaje este que aprovechó para promocionar la práctica del Balonpesado en la Universidad Autónoma de Baja California, obteniendo buena receptividad de sus estudiantes, como se muestra a continuación.

El 20 de octubre del mismo año se realiza un partido de balonpesado en la Universidad del Quindío en homenaje a Cristian Flórez, contando nuevamente con la presencia de Roberto Lozano Batalla, su hijo Roberto Lozano García y otros familiares del profe Roberto. Fue muy importante la asistencia del profesor Roberto para ese evento dado que en ese momento se encontraba en pleno furor el paro nacional donde participaron múltiples sectores, entre ellos el educativo, lo cual disminuyó considerablemente la cantidad de espectadores locales, pero con la sorpresa que por las reuniones entre comités estudiantiles de diferentes universidades a nivel nacional se encontraba un comité de la Universidad Nacional de Colombia y se sintieron atraídos por el deporte, logrando que la gran mayoría de ellos (espectadores) de la Universidad Nacional decidieran aprender y jugar el deporte balonpesado, contando con la fortuna que muy pocos poseen y es la de conocer al creador de este deporte autóctono.

Es importante resaltar que gracias a la señora Alba (QEPD), abuela de Cristian Flórez, se pudo contar con la camiseta verde del equipo de balonpesado denominado Herencia. Una propuesta pensada por los integrantes del curso de balonpesado de la Universidad del Quindío, ciudad de Armenia, que aún no se ha oficializado pero que representa y recuerda la memoria de Cristian Flórez: en la parte inferior trasera de la

camiseta se encuentra inscrita la frase Yumiristamiris Hommies, palabras que pronunciaba mucho Flórez y que empleaba para múltiples situaciones, pero de la cual nunca reveló su significado real.

Para el año 2019, la Universidad del Quindío realizó el «primer encuentro deportivo universitario inclusivo de Balonpesado». El 4 de mayo se llevó acabo en la ciudad de Buenaventura, específicamente en la Institución Educativa Normal Superior Juan Ladrilleros, donde participaron los equipos masculinos de la Universidad del Pacífico, Universidad del Quindío CAT Buenaventura, Selección Buenaventura de Balonpesado que acudió en reemplazo de la Universidad del Valle sede Pacífico y el anfitrión Universidad del Quindío sede principal, en dicho encuentro se coronó campeón la Selección Buenaventura y en segundo lugar la Universidad del Quindío sede principal por un marcador 12 a 11. Esta representaría la primera competencia de balonpesado en la que participaría la Universidad del Quindío sede principal.

Bienestar Uniquindío. (2017). [Imagen]. Recuperada de: https://m.facebook.com/story.php?story_fbid=1968368176569331&id=369810029758495

- **2019:** inclusión del balonpesado como deporte de exhibición en los Juegos Departamentales del Valle del Cauca celebrados en Buenaventura.

Indervalle. (2019). Recuperada de: https://m.facebook.com/story.php?story_fbid=2355608854694638&id=1411993282389538

En ese mismo año, en el mes de diciembre, la Universidad del Quindío participaría en un encuentro amistoso promovido por la Universidad del Pacífico en la ciudad de Buenaventura. Para esa ocasión la Universidad del Quindío dotaría de uniformes a los jugadores y entrenador de balonpesado para su participación.

En marzo de 2020, en la celebración de los 90 años de vida de Roberto Lozano Batalla, la Universidad del Quindío es invitada a participar en un cuadrangular de balonpesado en el cual competirán nuevamente contra la Universidad de Pacífico, la Selección Buenaventura y la Universidad del Valle sede Pacífico. El evento contó con la participación de medios de comunicación locales, tanto hablada como escrita, también se contó con la presencia del alcalde de Buenaventura Víctor Hugo Vidal Piedrahita y el Ministro del Deporte Ernesto Lucena. En dicho encuentro la Universidad del Quindío se llevaría el trofeo de

Lucena, E (2020). Recuperado de:https://twitter.com/LucenErnesto/status/1235665392363655168?s=20

campeón, un logro muy grande dada la juventud del proceso que se adelantaba en la universidad a comparación de los demás equipos.

El deporte es una actividad que se ha manifestado durante siglos, el cual ha permeado un conglomerado de personas, permitiendo que diferentes países en el mundo se sientan reconocidos y aceptados en múltiples aspectos, es decir (Devís, 1995), «el deporte es un fenómeno totalmente enraizado en la maraña de nuestra vida cotidiana y difícil de eludir, incluso por aquellos que lo sufren calladamente. No se puede considerarlo solamente como una actividad física, puesto que también es una forma de comunicación masiva y un elemento de identificación cultural y personal, que tiene lugar dentro y fuera del terreno deportivo». Basado en este concepto, se logra evidenciar la importancia de incluir la práctica deportiva dentro de una sociedad, lo cual permite enriquecer aspectos culturales donde se ven inmersos deportes individuales o de conjunto.

En relación con lo anterior, el deporte también se puede plantear de diferentes maneras como lo afirma Blázquez (1995), el deporte educativo «constituye una verdadera actividad cultural que permite una formación básica, y luego una formación continua a través del movimiento». Tanto como la educación física que brinda un acompañamiento para la formación educativa a través del pensamiento y las prácticas deportivas, es fundamental fomentar el deporte considerándolo como un formador de valores.

En este orden de ideas en lo que respecta (Llamas & Cabrera Suárez, 2004) a «la educación física y el deporte han sido y siguen siendo considerados de gran potencial para el desarrollo de valores sociales y personales, aumentando de esta forma su importancia como elemento pedagógico y formativo».

En esta misma línea se puede mencionar también que el deporte según Nogueda (1995) «es más que una práctica física, o una forma de canalizar el tiempo libre y los momentos de ocio, es un elemento educativo que constituye un importante fenómeno social».

En tal sentido se logra contemplar el aspecto de valores, donde se comprende de una manera analítica y conceptual que van ligadas a la formación deportiva. Atendiendo a esto, Gutiérrez Sanmartín (1995) reconoce «en el deporte un contexto de alto potencial educativo para la adquisición de valores y desarrollo de actitudes socialmente necesarias».

A continuación, se debe mencionar la importancia de la práctica deportiva en diferentes contextos, como la manera que se desenvuelven diversas sociedades sin importar su color de piel, religión y distinción de sexo, tal y como lo menciona Salguero (2009): «Durante mucho tiempo se ha considerado la práctica deportiva como una excelente vía de promoción y desarrollo de los valores sociales y personales». Permitiendo que las diferentes masas se sientan aceptadas por sí mismas, como niños, adolescentes y adultos mayores.

Para concluir este aspecto de valores deportivos se ve oportuno puntualizar que en Colombia, un país con diferentes costumbres, y que a raíz de ellas se ven diferentes aspectos, donde no cabe la duda de que la autenticidad deportiva de Colombia no predomina ya que «el país debe aprender a valorar su desarrollo histórico y todo lo que este representa. Al lado de su historia, su cultura, sus riquezas» (Forero, 2016), en este orden de ideas se puede evidenciar que aspectos como cultura, historia y deporte. En Colombia se ven un poco descuidadas y que por estas características se generan procesos de aculturación al interior de su territorio y en este caso repercuten en el ámbito deportivo, se genera así una pérdida exponencial de las prácticas autóctonas que se deberían desarrollar en el interior del país, lo cual a su vez produce una invisibilización de estas y al no haber fuentes o referentes bibliográficos científicos que sustenten, evidencien o intenten visibilizar estas prácticas en diferentes niveles, estos tenderán a mutar e incluso en el peor de los casos a desaparecer, erradicando con este parte de la cultura propia del país, por consiguiente debilitando algunos aspectos etnocentristas que posiblemente se presenten en algunos territorios del país.

En Colombia, la Ley 181 de enero 18 de 1995 en su título IV, capítulo I y específicamente en sus artículos 15 y 16 da claridad de la definición de deporte en el país y de sus clasificaciones.

La definición de deporte brindada por la Ley 181 de 1995 considera que: «El deporte en general. Es la específica conducta humana caracterizada por una actitud lúdica y de afán competitivo de comprobación o desafío expresada mediante el ejercicio corporal y mental, dentro de disciplinas y normas preestablecidas orientadas a generar valores morales, cívicos y sociales».

El deporte se desarrolla de ocho formas como lo son deporte formativo, deporte social comunitario, deporte universitario, deporte asociado, deporte competitivo, deporte de alto rendimiento, deporte aficionado y deporte profesional, siendo cada una de estas clasificaciones y atendiendo a diferentes niveles a los cuales se puede llevar el deporte en Colombia, cada una con sus características y objetivos particulares.

Robles (2009) en su trabajo investigativo *Tratamiento del deporte dentro del área de educación física durante la etapa de educación secundaria obligatoria en la provincia de Huelva* expone diferentes clasificaciones del deporte apoyado en autores como Bouet, Matveiev, Hernández y Blázquez, Devis y Peiró, entre otros. Aunque esta investigación basa su clasificación apoyada en más autores que no fueron mencionados anteriormente se hace énfasis en los enunciados previamente por efectos de idoneidad que permita describir el deporte en el que se enfoca este proyecto investigativo, el balonpesado por consiguiente dado que cada clasificación contiene diferentes divisiones se hace necesario hacer hincapié en puntos específicos de las mismas para otorgar una descripción más completa de este deporte.

Bouet (1968) propone una clasificación llamada experiencia vivida haciendo referencia a la experiencia que puede provocar el deporte en el individuo y lo divide en cinco tipos de disciplinas como lo son deportes de combate, deportes atléticos y gimnásticos, deportes en la naturaleza, deportes mecánicos y deportes de pelota o balón.

Matveiev (1975) creó una clasificación basándose en el tipo de esfuerzo fisiológico requerido para el desarrollo de una actividad deportiva, dividiendo los deportes en cinco categorías: deportes a cíclicos, deportes con predominancia de resistencia, deportes de equipo, deportes de combate o lucha y deportes complejos y pruebas múltiples.

Hernández y Blázquez (1983), tomando como base a Parlebas en 1981, proponen una clasificación donde priorizan la forma de usar el espacio y según la participación de los jugadores, dividiendo estos en cuatro grandes grupos los cuales son: deportes psicomotrices o individuales, deportes de oposición, deportes de cooperación y deportes de cooperación-oposición.

Para obtener una idea clara de lo que es el balonpesado en términos deportivos debemos retroceder a la clasificación de Bouet en la división de deportes de balón o pelota colectivo donde el balón es el factor relacional del deporte. En la clasificación de Matveiev dentro de la división de deportes de equipo donde se presentan situaciones de alta intensidad con pausas constantes de tiempo y complementando con la clasificación ofrecida por Hernández y Blázquez en la división de deportes de cooperación-oposición de espacio separado y participación simultánea.

Ruiz, Argiro y Mesa (2010) abordan el deporte desde su incidencia en la economía de Colombia argumentando que el deporte no es solo una actividad para satisfacer una necesidad de ocio, sino que se ha convertido en un motor de desarrollo influenciando variables de consumo, inversión, nivel de ingresos, producción y empleo en el ámbito aficionado y profesional, creando además una actitud nacionalista e incluyente que gira entorno a los resultados y vínculo de un club o equipo con su público.

El deporte hace parte de los sectores económicos transversales, siendo la práctica deportiva un servicio que requiere cooperación de otros sectores económicos que provean implementos, transporte, alojamiento, alimentación, entre otros.

En tal sentido el deporte en su enfoque formativo y recreo-deportivo tiene como oferentes los clubes y el sistema educativo, las familias cumplen el rol de demandantes de este servicio que, si bien en estos niveles generan un menor impacto económico, contribuye al ahorro en el gasto de salud por los beneficios que la realización de actividad física y deporte genera en el organismo.

Por otro lado, el deporte competitivo tiene dos fases: entrenamiento y competencia. En la fase de entrenamiento los deportistas son quienes generan la demanda de escenarios deportivos, alojamiento, alimentación, entre otros, cumpliendo la función de oferentes los entes públicos y privados capaces de proveérselo a los deportistas.

En la fase competitiva contiene los mismos agentes, pero sus roles no están estrictamente establecidos, como ejemplo, el Estado es oferente cuando entrena deportistas, crea escenarios deportivos y realiza eventos deportivos, y a la vez demanda la ejecución de estos eventos deportivos dado que estos dan una imagen favorable de la ciudad, departamento, región o nación donde se esté desarrollando. Los deportistas se convierten en demandantes de estos eventos ya que su finalidad es destacarse y para ello deben competir y escalonar en eventos de diversos niveles y a la vez ofrecen un espectáculo para los espectadores de esos eventos, teniendo el nivel competitivo un impacto directo en la economía e impactando además en otros sectores económicos.

CAPÍTULO 2

BALONPESADO EN DIFERENTES ÁMBITOS

BALONPESADO EN EL ÁMBITO DEPORTIVO

A continuación, se anexa el reglamento balonpesado versión 2008 creado por la liga vallecaucana de balonpesado, el cual se sigue utilizando en la actualidad.

CONCEPTOS BÁSICOS

El balonpesado es un deporte de conjunto cooperación-oposición, que se juega en un rectángulo de 28 metros de largo por 15 metros de ancho, donde se enfrentan 2 equipos de máximo 10 jugadores, 5 en el campo de juego y 5 como suplentes. El objetivo que debe cumplir cada equipo es introducir un balón de voleibol número 5 semidesinflado en un círculo de 1,50 metros de diámetro situado a 2,35 metros de la línea final del campo contrario. El equipo que logre realizar más anotaciones al final de los 50 minutos de juego en masculino divididos en dos mitades de 25 minutos o en los 40 minutos de juego en femenino divido en dos mitades de 20 minutos será el ganador del encuentro.

Hasta aquí todo está bien, pero surge una duda, ¿cómo es la dinámica de juego actual y qué lo diferencia de otros deportes?

Para explicar estos aspectos se debe socializar la dinámica de juego del balonpesado que podrá permitir una mejor interpretación. Para hacer más entendible la lectura se decidió dividirlo en dos aspectos: jugador atacante y jugador defensor.

Jugador atacante: el jugador atacante es quien posee el balón, y tiene la facultad de pasar el mismo a un compañero, desplazarse intentando evadir a sus rivales impidiéndoles a ellos la posibilidad de que lo puedan apresar o retener tomándolo de la cintura, brazo u antebrazo, lo cual lo obligaría a tener que retroceder el balón en dirección contraria a la que debe atacar o en efecto convertir un gol o anotación.

Jugador defensivo: hace parte del equipo que no posee el balón y sus obligaciones pueden ser, dependiendo de la estrategia de juego, 1) cubrir una zona del campo que le haya sido asignada o 2) ir directamente tras quien tiene el balón e intentar detener su avance por medio de los agarres.

JUGADOR DEFENDIENDO SU ZONA Y JUGADOR APRESANDO AL RIVAL

RECURSOS TÉCNICOS DEL JUGADOR DE BALONPESADO

PASES

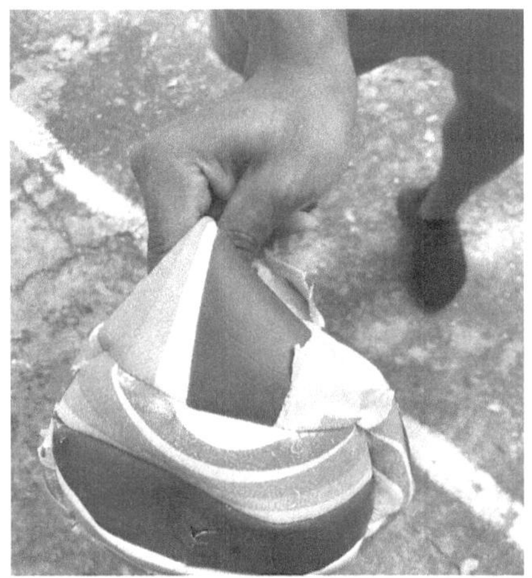

PASE DE PECHO

Se utiliza en distancias medias.

El agarre del balón debe ser el dedo índice y anular en la parte cóncava del balón y el pulgar en la parte convexa realizando un movimiento similar al *fort-hand* en el *ultimate*.

PASE RASTRERO

Se utiliza en distancias cortas o medias.

El agarre del balón es colocando el pulgar en la parte cóncava del balón y el dedo índice y anular en la parte convexa de este procurando proyectar el balón más adelante de nuestra posición para permitir que pueda arrastrarse de una manera correcta y no se vea afectada su trayectoria.

PASE EN PARÁBOLA

Se utiliza para largas distancias y pasarle al jugador poste.

El agarre de balón es igual al de pase de pecho, pero en este caso el brazo se proyecta hacia arriba flexionando el codo y extendiéndolo en la finalización del movimiento.

Las finalidades de este pase son un contraataque relámpago o la posibilidad de generar un gol indirecto por recepción del balón por un compañero que se encuentre dentro del círculo.

PASES ACCESORIOS

El balonpesado permite gran libertad en su dinámica de juego, lo cual permite crear o hacer gran variedad de pases que podrían considerarse «mágicos» e incluso «extravagantes», algunos de estos pases son:

PASE CURVO

Se utiliza en distancias medias para sorprender al rival y facilitar una acción de gol.

El agarre del balón es igual al del pase de pecho, pero el brazo se encuentra abducido, una abducción total de la pierna contraria a donde se realizará el lanzamiento y la siguiente totalmente flexionada.

PASE LEVITANTE

Se utiliza en cortas distancias y es un recurso que se usa principalmente para pasar el balón cuando hay cruce estratégico entre dos compañeros de equipo.

Para agarrar el balón se utiliza la totalidad de la mano, generando

un agarre protector y que impida el robo de balón en medio de la acción de pase.

El balón se suelta girando de forma vertical u horizontal antes de tener contacto con el jugador receptor, permitiendo que este se quede unos momentos suspendido en el aire y facilite la recepción.

PASE DE ESCORPIÓN

Este pase se utiliza para acciones sorpresivas de ataque y generar autopases solo para distancias cortas y medias.

PASE POR DETRÁS DE LA ESPALDA

Este pase se utiliza para entregar el balón a un compañero que se encuentre más adelantado o atrasado a nuestra posición actual en el campo y por cuestiones de marcaje o aproximación al rival se nos dificulte realizar uno de los pases anteriores.

REMATE DE CORTA DISTANCIA

Es el que se ejecuta aproximadamente de 1 a 3 metros de distancia del círculo de anotación, por lo general en esta zona se encuentra una presión defensiva fuerte debido a esto el remate deberá ser bastante potente para impedir un rechazo de los adversarios y un posible contraataque. El agarre del balón para un remate a corta distancia debe ser con la totalidad de la mano, proyectando el pulgar hacia arriba y soltando el balón cuando se encuentre en la finalidad de la ejecución del movimiento, para evitar que este se desvíe fuera del círculo de anotación.

REMATE DE MEDIA DISTANCIA

Este remate se ejecuta de 4 a 6 metros de distancia del círculo de anotación, en este rango de distancia por lo general se encuentra la marcación de zona o individual que no conlleva a una gran presión del oponente, por lo cual el remate puede ejecutarse desde diferentes ángulos buscando que el balón quede directo en el círculo, golpee un compañero o a un adversario preferiblemente en las piernas. El agarre del balón para este remate debe ser a tres dedos con el dedo índice y anular en la parte cóncava del balón y el pulgar en su parte más convexa. Este tipo de agarre permite controlar más la dirección del balón.

REMATE AÉREO

Este remate se realiza por lo general cuando un jugador se encuentra en carrera y en acción de entrar al círculo. Se realiza a una distancia de 1 a 5 metros, se utiliza para el efecto de visualizar mejor el área de anotación cuando esta se encuentra fuertemente defendida por los rivales y de esta manera poder encontrar el mejor ángulo adonde deberá ser rematado el balón, el agarre de este remate es similar al del remate de media distancia con la varianza de que el pulgar se proyecta a la parte interna lateral medial del cuerpo del jugador en remate.

APREHENSIONES

Son los movimientos que se ejecutan con el fin de agarrar y detener el avance del jugador adversario, retrasar su ataque y por consiguiente anticiparse y mejorar la defensa en la zona de anotación a proteger.

APREHENSIÓN DE CADERA

Esta aprehensión es la más sencilla de realizar y enseñar dado que es un segmento corporal ancho, con movimientos y velocidad de estos más lentos que de los brazos, se facilita el agarre de esta zona y detención del adversario. Esta aprehensión se efectúa agarrando con ambas manos o brazos la cadera del adversario impidiendo su avance.

APREHENSIÓN DE ANTEBRAZO

Este tipo de aprehensión se realiza cuando el jugador a defender es lento con los movimientos de sus manos o se encuentra en posición de realizar un remate aéreo, este tipo de aprehensión es el más difícil de ejecutar y por lo general no es tan utilizado por su poca eficacia. Se utiliza una sola mano para agarrar el antebrazo del adversario y se debe procurar agarrarlo en la mano que no posee balón porque los jugadores tienden a descuidar el movimiento del brazo con el que no tienen control de balón.

APREHENSIÓN DE BRAZO

Esta aprehensión se realiza con mayor frecuencia cuando nuestro rival con balón a defender nos ha sobrepasado y se encuentra en carrera. Se debe agarrar con ambas manos de los dos brazos procurando primero apresar el brazo donde se encuentra el balón.

POSICIONES EN EL CAMPO

POSICIONES VERSÁTILES

EXTREMOS: son jugadores que se mueven por las zonas laterales del campo. Son los encargados de buscar posibilidades de anotación, arrastrar marcas, en la zona baja y externa del campo rival.

ALEROS: son jugadores encargados de desequilibrar las formaciones defensivas.

POSICIONES EN ATAQUE

ARMADOR: es el encargado de coordinar a su equipo en ataque y defensa.

POSTE: jugador que se sitúa en el círculo de anotación contrario con el objetivo de facilitar las anotaciones de su equipo y en ocasiones sostener a horcajadas a un compañero para poder realizar una anotación.

POSICIONES DEFENSIVAS

DEFENSOR DE BOMBA: jugador netamente defensivo que se dedica a defender su círculo de anotación, desde afuera, impidiendo que el equipo contrario le realice la anotación. Es importante aclarar que esta posición no es necesariamente estática, por lo general solo es utilizada mientras el equipo se defiende del ataque rival y en el momento en el que se recupera la posición del balón, este jugador entrará a cumplir otra posición en ataque.

PUNTA: esta es otra posición netamente defensiva. El jugador se sitúa lo más adelante posible y ubicado cerca al centro del campo. Es una posición utilizada mayormente en sistemas de marcación individual u hombre a hombre.

A continuación, se muestran los tipos de organizaciones o alineaciones defensivas y ofensivas que por medio de la experiencia en el deporte se han podido evidenciar, esto con el fin de explicar la ubicación de las diferentes posiciones.

ORGANIZACIONES DEFENSIVAS

El objetivo de todo sistema defensivo en balonpesado es impedir el avance de los rivales, retrasar sus jugadas ofensivas, bloquear, recuperar y contraatacar.

Interpretación

B: protector de círculo o bomba.

Al: alero.

Ar: armador.

Ex: extremo.

Pa: punta.

Pe: poste.

Demarcaciones color naranja: rango de movilidad y acción sugerido según posición.

1-1-2-1:

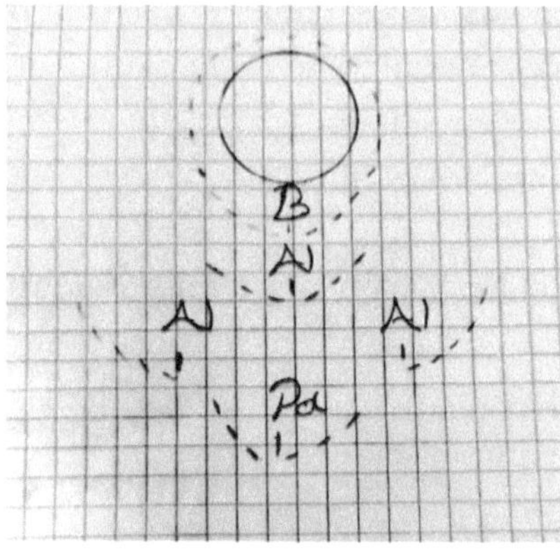

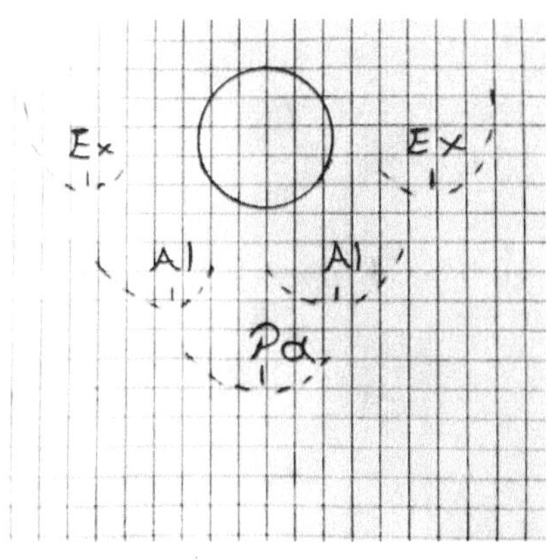

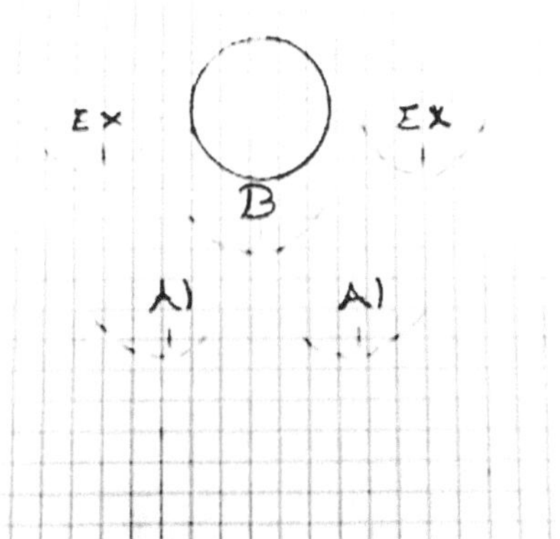

ORGANIZACIONES OFENSIVAS

El objetivo de esta es la apertura de espacios, desequilibrar sistemas defensivos, mantener un flujo y rotación constante del balón entre los integrantes del equipo y que el fin de cada táctica sea la conversión del gol.

1-2-2:

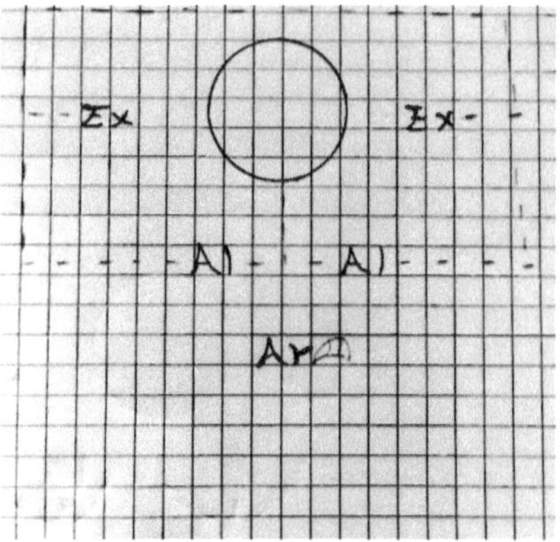

1-2-1-1:

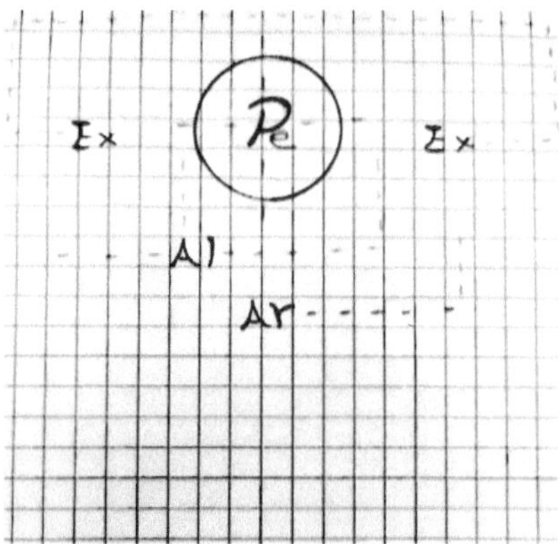

BALONPESADO EN EL ÁMBITO CULTURAL

Antes de hablar del balonpesado y su relevancia en el ámbito cultural a nivel nacional, se presenta una introducción de lo que significa la cultura y aspectos de este ámbito de los que puede apoyarse este deporte autóctono para lograr el reconocimiento que merece a nivel nacional.

Abordando nuevamente el balonpesado y su relevancia cultural, a pesar de ser una creación propia de Roberto Lozano Batalla, siendo él bonaverense, al momento de presentarlo a sus estudiantes fue consciente de que si decía que el balón mano pesado era creación suya, ellos posiblemente no le hubieran prestado la atención que obtuvo al decirle que era un deporte estadounidense, debido a que él sabía de la existencia del sentido xenocentrista que en ese momento sus estudiantes tenían y posiblemente esto se debía a los movimientos migratorios ilegales de los bonaverenses hacia países como Panamá y Ecuador; cabe resaltar que hacia los años 1970, estas migraciones aún no era tan fuertes como lo fueron en los años 1990 debido a la privatización de Puertos de Colombia, que de cierta manera aumentó el número de viajes internacionales ilegales por vía marítima, dándole la denominación de polizones a las personas que se embarcaban como ilegales en buques mercantes, con el objeto de llegar a otros países, principalmente a Estados Unidos. Es de anotar que cada viajero de los antes mencionados, al momento de retornar a su natal Buenaventura, traía consigo elementos identitarios de las culturas foráneas debido a los procesos de aculturación y deculturacion, dados entre otras cosas como procesos adaptativos al nuevo entorno y que en los niños y jóvenes generaban igualmente procesos aculturizantes, deculturizantes y era muy notorio que en muchas personas se generaba la neoculturación, siendo más relevante en los niños más pequeños, lo que trajo consigo un sentido xenocentrista en la comunidad, valorando más lo foráneo que lo propio o autóctono.

El reconocimiento del balonpesado en 1974 por parte de Coldeportes Nacional ratificó y ratifica hasta el momento que de los 1 103 municipios, de los 32 departamentos y las 6 regiones que componen el territorio colombiano, Buenaventura, el Valle del Cauca y la Región Pacífica, son los únicos que han creado un deporte de conjunto autóctono en toda la historia de la nación, lo cual debe ser motivo de orgullo patrio. Por consiguiente, se le debería brindar el máximo apoyo a nivel político, cultural y deportivo, reconociéndolo como patrimonio cultural inmaterial de la nación. Cabe resaltar que aunque tiene ese reconocimiento cultural por parte de la Alcaldía Distrital de Buenaventura plasmado en el Acuerdo #005 de 2009, este mismo no ha trascendido a la instancia regional y mucho menos nacional, lo cual permitiría que el Ministerio de Cultura mediante su dirección de Patrimonio se creen, gestionen y ejecuten diferentes estrategias legales y sociales que permitan proteger y salvaguardar el patrimonio cultural colombiano llevando con ello su apropiación social. El balonpesado, siendo reconocido como patrimonio cultural inmaterial a nivel distrital, minimiza el accionar y reconocimiento que el pudiera llegar a tener a nivel nacional e internacional, es de anotar que el mencionado acuerdo no se está haciendo cumplir por lo cual la promoción, consolidación y masificación de dicho deporte a nivel Distrital es casi nula, lo que ha generado una perdida exponencial de su conocimiento y práctica, dado que ya no se exhibe en juegos intercomunal, intercalabas ni intercolegiados. Esto atendiendo a aspectos administrativos que serán expuestos y analizados más adelante.

A continuación, se exponen algunas opiniones referentes al balonpesado y el ámbito cultural, generadas por agentes claves en la historia de este. Por respeto a ellos, sus nombres no serán revelados. A continuación, las opiniones:

«... tenemos también la historia de que aquí en Buenaventura han ido a exhibir el deporte rugby; jóvenes de Buenaventura han ido a jugar rugby a Venezuela, Argentina, Japón y hasta Inglaterra, y no se les ocurrió llevar la muestra de balonpesado, la excusa que han dado siempre es que era un proyecto de la cancillería; yo la única pregunta que me hago al canciller o la cancillería en ese momento se le dijo pero por qué no aprovechamos y llevamos también la muestra de balonpesado debido a que es lo nuestro para que haya intercambio cultural, no solo aceptación de una cultura que llega de afuera sino el intercambio que es lo que más se busca que es cuando yo te presento mi cultura y tú me presentas la tuya, considerándolo como algo lógico, eso es sencillamente a nuestro juicio... se podría decir que es una lógica muy ilógica en donde lo que se hace es tirar al lado lo propio, lo nuestro para impulsar todo lo que nos viene de afuera, hoy se puede decir que el fútbol se ha enquistado en las venas de cada ser humano de nuestro entorno y se mira como algo muy natural en la comunidad colombiana y en especial la bonaverense».

«Alguna vez vino el embajador de Inglaterra aquí en Buenaventura y lo llevaron a que fuera a ver un juego de rugby jugado por los bonaverenses, yo creo que eso es hasta desconocer lo que es el rugby para Inglaterra que es su deporte nacional y que tiene jugadores profesionales y pues de rugby ellos están hartos, es decir, todo el tiempo están viendo rugby, rugby de excelente calidad al máximo nivel competitivo. Pues si es atractivo ver que acá están jugando rugby también pero no aprovechar para presentar el balón pesado eso es lo que nosotros los bonaerenses llamamos chimpada».

«Consideramos que el balonpesado ha tenido muchísima más aceptación a nivel internacional que a nivel nacional debido a que cada vez que este deporte ha sido presentado a una persona de nacionalidad extranjera, se queda maravillado y lo quiere jugar».

Se denomina «cultura» a todos aquellos aspectos identitarios de una comunidad determinada y esto conlleva a contemplar los factores ambientales, fauna, flora, lo cual de cierta manera condiciona su gastronomía, formas de subsistir, sus artesanías, fábulas, mitos y leyendas, su arquitectura y demás factores que moldean al sujeto y que consciente e inconscientemente determinan su comportamiento, acento, vocabulario e incluso la manera en la que él mismo piensa y percibe su entorno y lo foráneo.

Nuestro país (Colombia) posee gran diversidad cultural y esto puede deberse a las características geográficas, climáticas y étnicas de las regiones de la nación: por ejemplo, la Región Pacífica se destaca por estar cerca a las costas, por sus actividades de pesca y transporte fluvial y marítimo que a la vez hace girar su gastronomía entorno a los mariscos y por su condición geográfica y climática es propicia para el cultivo productos considerados de alto valor nutritivo para la alimentación de sus comunidades y visitantes, productos estos tales como el coco, chontaduro, papa china, borojo, caña, entre otros, utilizando este último como materia prima para la creación del viche, bebida tradicional del Pacífico colombiano, considerada como la base para la fabricación de otras bebidas también consideradas de alto valor medicinal y afrodisiaco, de las cuales se pueden resaltar el arrechón, curado, vinete, crema de viche, entre otros, lo cual demuestra la capacidad que poseen las comunidades para realizar transformación a los recursos que ofrece el entorno y de esta manera agregarle valor y de esta manera al comercializarlos se genera una mejor calidad de vida.

Realizando un contraste con la Región Andina que se encuentra al interior del territorio nacional donde en lugar de encontrar el mar, se encuentran grandes montañas y en donde se propicia la cría y consumo de ganado vacuno y porcino mayormente, su clima es considerablemente más frío que el presentado en la Región Pacífica, lo cual genera un ambiente propicio para el cultivo de café, yuca, papa, plátano, banano, entre otros frutos y hortalizas.

Atendiendo a lo anteriormente mencionado es importante destacar que la cultura no es estática, se puede decir que es dinámica pero este dinamismo dependerá mayormente de influencias externas al contexto como lo fueron en su momento las colonizaciones, esclavismo y actualmente el proceso migratorio forzoso o voluntario y en gran medida el proceso de globalización que se ha intensificado, gracias al mejoramiento de las tecnologías de la información y la comunicación (TIC) que cada vez logran llegar a nuevos países, regiones y comunidades donde en algunos casos no se tenía conocimiento de ellas.

El intercambio cultural generado durante estos procesos inicialmente es conocido como **aculturación,** que puede entenderse como el intercambio de elementos culturales entre 2 o más culturas. Marataya (2012) define la aculturación como el «fenómeno de intercambios culturales entre pueblos diferentes, cuando dos o más culturas distintas se ponen en contacto, no importando si los contactos son pacíficos u hostiles, lo cual implica otros fenómenos». Esto no significa que haya un desarraigo o acogida de elementos culturales foráneos si no más bien un intercambio de aspectos identitarios de dos o más culturas diferentes como lo pueden ser el lenguaje, acento, expresiones, vestimentas y demás. A medida que transcurre el tiempo y se convive en otra comunidad diferente a la propia o con personas pertenecientes a ella es muy común que los individuos tiendan a tomar elementos de esa cultura foránea, sin necesariamente perder los propios. Marataya (2012) denomina este fenómeno como **eoculturación** y brinda un ejemplo que pueda ayudar a dilucidar el término en cuestión. «Un ejemplo claro de esto es el lenguaje, el cual mezcla elementos propios del grupo social mezclándolos con elementos de otros grupos sociales o culturas, creando así una nueva forma de comunicación a partir de la unión de estas dos. Un ejemplo más específico a la cultura colombiana es la simple pero significativa palabra que se utiliza para saludar a un compañero u amigo: pasar de decirle «parcero» (Región Andina) a decirle «manito» (Región Pacífica) o viceversa, estos pueden parecer cambios pequeños e incluso insignificantes pero dan paso a lo que se conoce como **deculturacion** que Morataya (2012) define como «aquel fenómeno que conlleva a la pérdida de elementos culturales; esto sucede particularmente en las migraciones y es más evidente en este caso. Sin embargo, no significa que las personas establecidas en un sitio diferente a su lugar de origen no tengan pérdidas culturales a partir de otras situaciones que puedan presentarse, por ejemplo, es común ver variantes en los códigos de vestuario establecidos por un grupo social, que son pérdidas evidentes de elementos culturales, un ejemplo particular de **deculturacion** se presentó en el Distrito Especial de Buenaventura perteneciente a la Región Pacífica de Colombia, donde producto de la privatización de la extinta empresa Puertos de Colombia (COLPUERTOS) en la década de los años 1990, donde más de 2 mil trabajadores se quedaron desempleados y sin maneras de obtener el recurso económico que les permitiera llevar el sustento a sus casas y poder continuar sosteniendo a sus familias, muchos de ellos decidieron embarcarse como polizones en buques que iban con destino a Estado Unidos, los que lograban llegar con vida a su destino luego de pasar diferentes calamidades en su estancia en el buque debieron desempeñarse en oficios de poco reconocimiento —no profundizaremos en estos aspectos, pero es importante saber el trasegar y posibles calamidades que experimentaron estos inmigrantes ilegales en busca del sustento para sus familias y que posiblemente estos sucesos generaron un impacto positivo o negativo en ellos—. Continuando con la migración de estos individuos, en su estancia en el país norteamericano pudieron compartir con personas de diferentes países, culturas y etnias, generando así procesos de aculturación, neoculturación y en algunos casos de deculturación. Al momento de retornar a Colombia, a su natal Buenaventura, estos deportados por su situación de ilegalidad o por decisión propia comenzaron a expresar en su contexto autóctono aspectos de las culturas foráneas con las que pudieron relacionarse, generando inicialmente rechazó y en algunos casos relegación social posiblemente brindado por el sentido **etnocentrista** que en esos momentos poseían los habitantes del distrito, entendiendo el **etnocentrismo** como la capacidad de un individuo o grupo poblacional de valorar lo autóctono o propio del contexto por encima de lo foráneo. Marataya (2012) brinda un concepto mucho más amplio y de la connotación del término aplicada a las comunidades «es la actitud afectiva que sostiene que el grupo al que se pertenece es superior a otras entidades o grupos, esta actitud va asociada al desprecio por el extranjero, se alimenta de prejuicios y fanatismo; lo cual provoca una serie de problemáticas sociales que se pasan de generación en generación». Pero en algunas ocasiones el sentido etnocentrista de un individuo puede verse alterado debido al intercambio cultural (aculturación) constante que se presenta. Actualmente, retomando el ejemplo de la globalización que posibilita el intercambio con culturas foráneas sin necesidad de que el individuo deba desplazarse de su ambiente de origen, esto puede ocasionar que los sujetos se sientan atraídos por aspectos culturales foráneos y empiezan a considerarlos mejores o superiores a los autóctonos y los reemplacen con los foráneos, a esta inclinación o fenómeno cultural que conlleva a preferir lo foráneo a lo propio culturalmente hablando se le denomina **xenocentrismo.** En tal sentido, personas que quieren seguir conservando lo propio incitan a las nuevas generaciones de que se siga conservando este, que de tal manera no se olvide o quiera ser reemplazado como lo dice la **endoculturación** «la generación de más edad incita, induce y obliga a la generación más joven a adoptar los modos de pensar y comportarse de maneras tradicionales».

DESARROLLO Y CULTURA

La UNESCO en el año 2010 en su cuaderno de trabajo N°1 por Maider Maraña, brinda concepciones del papel de la cultura como factor de desarrollo a diferentes niveles territoriales, impactando positivamente en el crecimiento económico y productivo, visionando el desarrollo de una manera no lineal, siendo un proceso en el que interactúan diversos campos como el educativo y el santuario en el que la persona es el centro del desarrollo de un territorio. Indica que últimamente se ha priorizado el desarrollo humano sobre otros modelos de desarrollo más economistas y la cultura ha sido objeto de estudio como elemento necesario para el desarrollo de las personas y comunidades.

Sin embargo, se denota que el término de cultura y desarrollo son palabras cambiantes donde en la época de los años 1960 se tendía a un desarrollo sin preocupación por la cultura, el desarrollo estuvo ligado al crecimiento económico del individuo como persona.

La relación entre desarrollo y cultura comienza a defenderse por diferentes expertos en la década de los años 1970 aunque es a finales de los años 1980 e incluso en los años 1990 cuando organismos internacionales y agencias de cooperación al desarrollo impulsan los estudios y trabajos que analizan cómo la cultura podría incidir en los procesos de desarrollo.

Un factor entre el distanciamiento del concepto de desarrollo y cultura es la indefinición y sobreutilización de la palabra cultura, que se ha convertido incluso en una palabra cliché que puede significar todo, pero no aclarar nada.

Otro de los obstáculos que ha presentado la inclusión de la cultura es que desde hace poco la protección de la cultura era asunto de las minorías que poseían poca influencia en el Estado.

Entre otras cuestiones se encuentra que las políticas culturales han tendido a favorecer siempre un tipo de cultura concreta, marginalizando el concepto más rápido de cultura, excluyendo el patrimonio inmaterial, las lenguas y costumbres, entre otras, como elementos a ser promovidos y protegidos por las políticas públicas.

El desarrollo, como superación de la pobreza, debe ser un concepto amplio que debe incorporar el concepto de desarrollo cultural. Resaltando en la riqueza cultural un amplio potencial que dota de una visión de riqueza cultural a comunidades dentro del ámbito de cooperación nacional, que suele contar con un concepto clásico de pobreza y que además se debe tener en cuenta el aspecto y necesidades culturales en proyectos o actividades de índole social.

Son muy pocos los casos internacionales, nacional, regionales y locales en los que se ha puesto en marcha políticas públicas a partir de la visión de la cultura como desarrollo.

Relacionado al documento anteriormente mencionado donde se describe el papel de la cultura en el desarrollo de las comunidades y las posibles barreras que han impedido su debida incorporación como un modelo de desarrollo establecido y promovido en diferentes niveles territoriales y las organizaciones a nivel internacional encargadas de promover e investigar el papel de la cultura como factor de desarrollo o crecimiento de una nación. Se hace necesario intervenir en el ámbito nacional de Colombia, donde el Gobierno nacional cuenta con el Ministerio de Cultura, que es considerado «la entidad rectora del sector cultural colombiano y tiene como objetivo formular, coordinar, ejecutar y vigilar la política del Estado en materia cultural, deportiva, recreativa y de aprovechamiento del tiempo libre (…) El Ministerio de Cultura propenderá por una Colombia creativa y responsable de su memoria, donde todos los ciudadanos sean capaces de interactuar y cooperar con oportunidades de creación, disfrute de las expresiones culturales, deportivas, recreativas y de aprovechamiento del tiempo libre en condiciones de equidad y respeto por la diversidad».

https://www.mincultura.gov.co/ministerio/quienes-somos/Paginas/default.aspx

El Ministerio de Cultura colombiano cuenta con una dirección de patrimonio, la cual se encarga por medio de diferentes estrategias legales y sociales, gestionar, proteger y salvaguardar el patrimonio cultural colombiano y su apropiación social. En tal sentido «el Ministerio de Cultura concibe el patrimonio cultural de manera incluyente, diversa y participativa, como una suma de bienes y manifestaciones que abarca un vasto campo de la vida social y está constituida por un complejo conjunto de activos sociales de carácter cultural (material e inmaterial), que le dan a un grupo humano sentido, identidad y pertenencia. Adicionalmente, lo entiende como factor de bienestar y desarrollo y está consciente de que todos los colombianos tienen el compromiso y la responsabilidad de velar por su gestión, protección y salvaguardia» https://www.mincultura.gov.co/areas/patrimonio/patrimonio-cultural-en-Colombia/Paginas/default.aspx

El Ministerio de Cultura, para cumplir con su objetivo, plantea tres líneas de acción:

- Conocimiento y valoración del patrimonio cultural

- Formación y divulgación del patrimonio cultural

- Conservación, protección, recuperación y sostenimiento del patrimonio cultural

El Ministerio de Cultura además contempla tres clasificaciones o tipos de patrimonio dentro del territorio nacional:

Patrimonio inmueble: son ellos los bienes de manifestación material imposibles de mover como edificios, monumentos y obras arquitectónicas.

Patrimonio mueble: se conocen como bienes materiales movibles y se pueden trasladar físicamente como pinturas o esculturas.

Patrimonio inmaterial: se denomina a los usos, representaciones, costumbres, expresiones, conocimientos, saberes y técnicas de una determinada población o comunidad.

Para el reconocimiento, financiación, fomento y ejecución de actividades con el fin de gestionar, proteger y salvaguardar el patrimonio cultural, el Ministerio de Cultura cuenta con el Sistema Nacional del Patrimonio Cultural de la Nación, este está compuesto por instancias públicas de nivel nacional y territorial que desarrollan, financian, fomentan o ejecutan actividades referentes al patrimonio cultural de la nación.

https://www.mincultura.gov.co/prensa/noticias/Documents/Patrimonio/Sistema%20Nacional%20de%20patrimonio%20cultural%202018.pdf

Cepeda en el año 2018 en su artículo titulado *Una aproximación al concepto de identidad cultural a partir de experiencias: el patrimonio y la educación* en este se diferencian dos tipos de patrimonio, el patrimonio natural y el patrimonio cultural inmaterial, en el que el primero se constituye por formaciones físicas, biológicas, geológicas y fisiográficas que componen el hábitat de especies amenazadas y que presenten un valor universal excepcional y lugares naturales con un valor universal excepcional desde el punto de vista de la ciencia, de la conservación o de la belleza natural. El segundo es entendido por los instrumentos, objetos, artefactos y espacios culturales que les son inherentes, que las comunidades, los grupos y en algunos casos los individuos reconozcan como parte integrante de su patrimonio cultural.

La idea fundamental que caracteriza al patrimonio es su carácter simbólico como creador de identidades culturales, entendiéndose la identidad cultural como las características más relevantes y autóctonas de una región, pueblo o comunidad.

Teniendo en cuenta las definiciones de patrimonio abordadas anteriormente es necesario aclarar que solo las manifestaciones que hayan dejado huella en una comunidad y esa misma la identifique como tal ahí pueden ser consideradas como patrimonio.

El patrimonio en el contexto educativo: debe entenderse de manera global para facilitarle a los alumnos la comprensión de la realidad sociocultural que conlleva y los valores que este representa.

Uno de los objetivos básicos de esta enseñanza es el construir puentes que conecten las sociedades del pasado con las actuales, entendiendo el quién, cómo, dónde, etc. De los sucesos pasados y sus repercusiones en el presente, creando una nueva ciudadanía socialmente comprometida con sus valores identitarios.

Siendo Colombia un país Pluricultural como lo confirma el Departamento Administrativo Nacional de Estadística (DANE) en el censo del año 2005 y cuyos resultados fueron publicados en el año 2007 por su dirección de censos y demografía en el documento llamado

«Colombia una nación multicultural. Su diversidad étnica» afirma que con la llegada de Cristóbal Colón a América en 1492 se asentaron personas esclavizadas provenientes de África de raza negra y egipcios que actualmente son considerados de la comunidad rrom o gitana y la autóctona comunidad aborigen o Indígena, ese encuentro de múltiples culturas y el desarraigo de sus territorios natales dio inicio o creación a nuevas relaciones, las cuales hoy se puede sentir que se afianzaron con el tiempo.

En Colombia, hasta el año 2005 se contaba con un censo poblacional que mostraba 40 607 408 de personas, de los cuales el 3,43 % fueron identificadas como personas de raza indígena, el 10,62 % fueron catalogados como personas afrodescendientes y el 0,01 % pertenecientes a la comunidad rrom, mostrando que el 85,94 % restante de la población, no se consideraba perteneciente a ningún grupo étnico.

DISTRIBUCIÓN DE LA POBLACIÓN SEGÚN DEPARTAMENTOS

Población indígena

De acuerdo con la población geográfica, se puede inferir que en el Departamento de Vaupés corresponden a un 66,65 % de la población, en el Departamento de Guainía corresponden a un 64,90 %, en el Departamento de la Guajira, corresponden a un 44,94 %, en el Departamento de Amazonas, corresponden a un 43,43 %. Encontrando que la mayoría de los resguardos indígenas registrados en el país se encuentran asentados en la Orinoquia y en la Amazonia colombiana.

Comunidad rrom

Se conoce que el 93,49 % de las personas pertenecientes a la comunidad rrom residen en los departamentos del Atlántico, Bolívar, Valle del Cauca, Bogotá, Norte de Santander, Santander y Nariño y es donde se encuentran las principales Kumpanias que son espacios donde viven conjuntamente varias familias de esta comunidad y se ubican comúnmente en zonas urbanas.

Comunidad afrodescendiente

Se menciona a continuación, como se encuentra distribuida la población de acuerdo con cada departamento. Se conoce que en el Departamento del Chocó la población afrodescendiente constituye el 82,12 % de población, en el Departamento de San Andrés el 56,98 %, en el Departamento de Bolívar la población afro asciende a un 27,61 %, en el Departamento del Valle del Cauca la población asciende a un 27,20 % y en el Departamento del Cauca la población afro llega a un 22,20 %. De acuerdo con el análisis realizado, se puede inferir que más de la mitad de la población afrodescendiente del país se concentra en los departamentos de Valle del Cauca, Antioquia, Bolívar y Chocó y el 17,48 % restante reside en los departamentos de Nariño, Cauca y Atlántico.

Atendiendo a la distribución de etnias por departamentos y entendiendo que cada etnia tiende a crear diferentes manifestaciones, artes, prácticas, técnicas, estructuras y demás aspectos que enriquecen su propia cultura y la de la nación. Entendiendo esto, el Ministerio de Cultura ha creado consejos departamentales y distritales de patrimonio cultural en los cuales están incluidos los 32 departamentos del país, con el objeto de facilitar los procesos correspondientes.

Aunque estos comités departamentales estén en funcionamiento desde hace 12 años, desde el más antiguo ubicado en el Departamento de Amazonas y hasta el más actual ubicado en el Departamento de Cundinamarca. Cabe resaltar que a pesar de toda esta gestión realizada por el Ministerio de Cultura, con el objeto de identificar las diferentes culturas que existen en nuestro país, muchas expresiones aún no han sido reconocidas formalmente por el ente nacional, lo cual puede propender a la pérdida exponencial de esos saberes, prácticas, artes, conocimientos y demás manifestaciones autóctonas de una cultura o etnia, en específico que no se encuentren reconocidos y por ende no se cuenta con el apoyo institucional necesario para su conservación, protección, promoción e investigación de estos.

Entendiendo que la división de patrimonio del Ministerio de Cultura cuenta con subdivisiones étnicas, locales y departamentales para esta labor, posiblemente el hecho de que aún no se reconozcan algunas manifestaciones culturales que puedan cumplir con los requisitos para ser considerados patrimonio cultural en sus diferentes clasificaciones puede tender a una falta de gestión por las comunidades en las que se crea o crearon dichas manifestaciones autóctonas culturales.

Lo antes expuesto representa un problema y se debe a que sin el reconocimiento y apoyo institucional para la protección, conservación y promoción de estas manifestaciones se puede tender a una pérdida exponencial de estos, conllevando a la pérdida de identidad cultural, lo cual puede llevar a una deculturación de la población acogiendo otra u otras prácticas foráneas que reemplacen los elementos que han sido perdidos y/u olvidados, convirtiendo una comunidad, etnia o población que destacaba por sus aspectos o rasgos identitarios únicos en una copia e incluso mezcla de diferentes aspectos culturales ajenos a los que en su momento fueron autóctonos y los diferenciaban de otras comunidades.

ETNODESARROLLO, UNA PROPUESTA DE DESARROLLO DESDE LA IDENTIDAD CULTURAL

La Facultad Latinoamericana de Ciencias Sociales en 2009 publicó en el N°33 de su revista *ICONOS* el artículo «Mitificación del desarrollo y mastificación de la cultura: el etnodesarrollo como alternativa» en el cual se expone que la diversidad cultural se entiende como una dificultad objetiva que interfiere negativamente en la correcta aplicación de los procesos desarrollistas. Por ello, la propuesta de los modelos de desarrollo hegemónicos está orientada hacia la aculturación forzada de la sociedad receptora.

La puesta en práctica de este modelo hegemónico ha tenido en múltiples ocasiones resultados perversos, relacionados con la aculturación forzada con la degradación de los ecosistemas y la desestructuración de formas de convivencia social hasta entonces eficientes.

Se puede notar que cuando el crecimiento económico se sacraliza como valor absoluto, todos los demás aspectos de la vida social deben subordinarse a él. Se logra evidenciar que de todas las propuestas alternativas al modelo hegemónico la que abarca de forma más integral entre la relación de desarrollo y cultura es el etnodesarrollo, que es definido por Benfil Batalla en 1982 como el proceso de transformación social sustentado por la capacidad de un pueblo para construir su futuro, aprovechando para estos las enseñanzas de su experiencia histórica y los recursos reales y potenciales de su cultura, de acuerdo con un proyecto que se define según sus propios valores y aspiraciones.

El etnodesarrollo, no debe entenderse como una propuesta autárquica y esencialista que renuncia a la incorporación de recursos externos ante el temor de sus efectos contaminantes. Se trataría, en definitiva, de incorporar al proceso de etnodesarrollo aquellos que fueran culturalmente apropiados.

El desafío que supone esa anterior estrategia cobra alta importancia y se trata de quebrar una dinámica históricamente construida sobre mecanismos de exclusión social y de negación de derechos colectivos. Se busca transformar actitudes de sumisión, de consentimiento y de infravaloración de las propias capacidades, en posiciones de autoestima y de reconocimiento de la validez de la propia etnicidad como recurso eficiente y no solo como referente sentimental de adscripción.

BALONPESADO Y EL SISTEMA NACIONAL DEL DEPORTE COLOMBIANO

El Sistema Nacional de Deporte fue creado mediante la Ley 181 de 1995, también conocida como la Ley del Deporte, y enuncia que el sistema es el conjunto de organismos articulados entre sí para permitir el acceso de la comunidad al deporte, a la recreación, el aprovechamiento del tiempo libre, la educación extraescolar y la educación física, teniendo como objetivo generar y brindar a la comunidad oportunidades de participación en procesos de iniciación, formación, fomento y práctica del deporte, la recreación y el aprovechamiento del tiempo libre, como contribución al desarrollo integral del individuo y a la creación de una cultura física para el mejoramiento de la calidad de vida de los colombianos.

Hacen parte de este sistema el Departamento Administrativo del Deporte, la Recreación, la Actividad Física y el Aprovechamiento del Tiempo Libre, como ente rector, los entes departamentales, distritales y municipales que ejerzan las funciones de fomento, desarrollo y práctica del deporte, la recreación y el aprovechamiento del tiempo libre; los organismos privados, las entidades mixtas, así como todas aquellas entidades públicas y privadas de otros sectores sociales y económicos en los aspectos que se relacionen directamente con estas actividades.

De acuerdo con la ley 181 de 1995, según su Artículo 51. Los niveles jerárquicos de los organismos del Sistema Nacional del Deporte son los siguientes: Nivel Nacional. Ministerio de Educación Nacional, Instituto Colombiano del Deporte - Coldeportes, Comité Olímpico Colombiano y Federaciones Deportivas Nacionales. Ver art. 6 de la Ley 582 de 2000. Nivel Departamental. Entes deportivos departamentales, Ligas Deportivas Departamentales y Clubes Deportivos. Nivel Municipal. Entes deportivos municipales o distritales, Clubes Deportivos y Comités Deportivos.

Atendiendo a la estructura consagrada en la norma, como se encuentra el balonpesado en el Sistema Nacional del Deporte Colombiano: el balonpesado actualmente no cuenta con escuelas de formación deportiva ofertadas por los institutos municipales del deporte y la recreación (INDER), ubicados a lo largo del país, lo cual limita el alcance territorial que puede llegar a tener este deporte, tampoco cuenta con clubes deportivos que según el decreto 1228 de julio 18 de 1995 por el cual se revisa la legislación deportiva vigente y la estructura de los organismos del sector asociado con objeto de adecuarlos al contenido de la ley 181 de 1995 en su capítulo I artículo 2: «Los clubes deportivos son organismos de derecho privado constituidos por afiliados mayoritariamente deportistas para fomentar y patrocinar la práctica de un deporte o modalidad, la recreación y el aprovechamiento del tiempo libre en los municipios o distritos, e impulsar programas de interés público y social». La inexistencia de clubes deportivos de balonpesado impide a su vez la creación de ligas deportivas las cuales funcionan a nivel departamental, según el artículo 7° del capítulo II del presente decreto, el cual expone que «las ligas deportivas son organismos de derecho privado constituidas como asociaciones o corporaciones por un número mínimo de clubes deportivos o promotores o de ambas clases, para fomentar, patrocinar y organizar la práctica de un deporte con sus modalidades deportivas, dentro del ámbito territorial del departamento o del Distrito Capital, según el caso, e impulsarán programas de interés público y social». Finalizando en la imposibilidad para el balonpesado de crear una Federación Deportiva que tendría incidencia a nivel nacional según lo expresado en el capítulo III artículo 11 del presente decreto: «Las federaciones deportivas nacionales son organismos de derecho privado, constituidas como asociaciones o corporaciones por un número mínimo de ligas deportivas o asociaciones deportivas departamentales o del Distrito Capital o de ambas clases, para fomentar, patrocinar y organizar la práctica de un deporte y sus modalidades deportivas dentro del ámbito nacional e impulsarán programas de interés público y social».

Es evidente que la inexistencia organizacional a nivel deportivo le impide al balonpesado acceder como deporte de competición a certámenes, torneos y/o campeonatos oficiales de índole municipal, distrital, departamental, regional y mucho menos nacional, como es el caso de los torneos interclubes, juegos departamentales, teniendo en cuenta que el balonpesado participó por varios años como deporte de competencia en los juegos departamentales del Valle del Cauca, pero fue excluido por no cumplir con la estructura organizacional legalmente requeridas (clubes distribuidos a nivel departamental legalmente constituidos) quedando relegado y posteriormente reintegrado. Esta vez como deporte de exhibición en los Juegos Departamentales del Valle del Cauca en el año 2019 celebrados en Buenaventura, dichos juegos llevaron como nombre: Roberto Lozano Batalla en homenaje por todos sus aportes y logros para el deporte vallecaucano.

Es de anotar que, a nivel regional, los Juegos del Litoral Pacífico es un evento deportivo y recreativo creado a partir de la Ley 10 de 1975 con el propósito de atender las necesidades de «desarrollo y de estímulo a la juventud y como expresión de solidaridad en objetivos comunes, espirituales y deportivos», de los municipios de los cuatro (4) departamentos que conforman, geográficamente, el Litoral Pacífico colombiano. Los cuales son: Chocó, Nariño, Cauca y Valle del Cauca y en los que en la actualidad se contemplan los siguientes deportes: ajedrez, atletismo, boxeo, baloncesto, voleibol playa, voleibol coliseo, fútbol, fútbol sala, pesca, tiro con arco, tiro con cerbatana, tejido, natación en el mar, triatlón nativo, canotaje, muestra folclórica.

El balonpesado fue partícipe de estos juegos y posteriormente excluido sin explicación o comunicado oficial.

BALONPESADO EN EL ÁMBITO ESCOLAR

Se puede decir que el balonpesado participó en múltiples ediciones de juegos intercolegiados e interescolares de la ciudad de Buenaventura, siendo catalogado en muchas ocasiones como el deporte rey competidor en estas justas. El mismo impacto que logró en el municipio de Palmira, Valle del Cauca, gracias a las gestiones adelantadas por profesor Edwin Rebolledo, docente de la Universidad del Valle sede Palmira quien abanderó el deporte en dicha ciudad, al capacitar y enviar estudiantes de la Licenciatura en Educación Física de esa institución a que realizaran su práctica profesional pedagógica en instituciones educativas públicas del municipio, enseñando balonpesado a los estudiantes que posteriormente competirían en los juegos intercolegiados.

A partir del año 2013 estos juegos cambiaron su denominación a juegos «Supérate Intercolegiados» desarrollado entre el Ministerio de Educación con su edición «Supérate en el Saber» y Coldeportes, actual Ministerio del Deporte.

En estos juegos participan colegios, escuelas, juntas de acción comunal y cabildos indígenas, los cuales cuentan con diferentes fases de índole territorial las cuales son: fase intramural, fase municipal, fase intermunicipal, fase departamental, fase zona nacional y final nacional.

El balonpesado, al no tener presencia en las instituciones educativas a nivel nacional, no cumple con los requerimientos para hacer parte de estos juegos, cabe resaltar que en la concepción de dichos juegos, existe un plan de premios por sobresalir en los mismos, otorgando becas para estudios universitarios, implementación deportiva y tecnológica para estudiantes, docentes y la institución educativa, cabildo indígena o junta de acción comunal ganadoras.

BALONPESADO EN EL ÁMBITO UNIVERSITARIO

En Colombia existe la Asociación Colombiana de Universidades (ASCUN), conformada por 88 instituciones de educación superior en todo el país, la cual cuenta con una división llamada ASCUN DEPORTES y fue reconocida por Coldeportes mediante Resolución N°002204 de 1985. Esta entidad es la responsable de los Juegos Nacionales Universitarios y sus fases intramural, departamental, regional, final nacional e internacional y cuenta con 16 deportes oficiales, es de anotar que, para integrar un nuevo deporte como el balonpesado, este debe estar incluido en Instituciones de Educación Superior que hagan parte de ASCUN, además debe estar presente en cuatro de los nodos regionales de esta, como lo son:

- Nodo Noroccidente: integrado por las instituciones de educación superior asociadas y afiliadas con sede en el Departamento de Antioquia.

- Nodo Centro: integrado por instituciones de educación superior asociadas y afiliadas con sede en Bogotá, Distrito Capital.

- Nodo Centro Occidente: integrado por las instituciones de educación superior asociadas y afiliadas con sede en los departamentos de Caldas, Caquetá, Cundinamarca, Chocó, Huila, Quindío, Putumayo, Risaralda y Tolima.

- Nodo Caribe: integrado por las instituciones de educación superior asociadas y afiliadas con sede en los departamentos de Atlántico, Bolívar, Cesar, Sucre, Córdoba, Guajira, Magdalena y San Andrés.

- Nodo Oriente: integrado por las instituciones de educación superior asociadas y afiliadas con sede en los departamentos de Boyacá, Norte de Santander, Meta y Santander

- Nodo Sur Occidente: integrado por las instituciones de educación superior asociadas y afiliadas con sede en los departamentos de Cauca, Nariño y Valle del Cauca.

Según lo estipulado por su Resolución N° 04 de 2011.

TESTIMONIOS

Fruto de las entrevistas realizadas a agentes claves en la historia del balonpesado surgieron diferentes testimonios y relatos de eventos y sucesos, los cuales son ejemplo del impacto social que el balonpesado tuvo y tiene en el ámbito nacional e internacional. A continuación se exponen algunos testimonios considerados de mayor impacto para el grupo investigador y que a ti como lector te permitirá dilucidar el deporte desde una perspectiva más humana. Los nombres de los autores de dichos testimonios serán omitidos por la confidencialidad pactada en la firma del documento consentimientos informado (anexo 1) y principios bioéticos (anexo 2) de nuestra investigación:

«… tenemos también la historia de que aquí en Buenaventura han ido a exhibir el deporte rugby; jóvenes de Buenaventura han ido a jugar rugby a Venezuela, Argentina, Japón y hasta Inglaterra, y no se les ocurrió llevar la muestra de balonpesado, la excusa que han dado siempre es que era un proyecto de la cancillería; yo la única pregunta que me hago al canciller o la cancillería en ese momento se le dijo pero por qué no aprovechamos y llevamos también la muestra de balonpesado debido a que es lo nuestro para que haya intercambio cultural, no solo aceptación de una cultura que llega de afuera sino el intercambio que es lo que más se busca que es cuando yo te presento mi cultura y tú me presentas la tuya, considerándolo como algo lógico, eso es sencillamente a nuestro juicio… se podría decir que es una lógica muy ilógica en donde lo que se hace es tirar al lado lo propio, lo nuestro para impulsar todo lo que nos viene de afuera, hoy se puede decir que el fútbol se ha enquistado en las venas de cada ser humano de nuestro entorno y se mira como algo muy natural en la comunidad colombiana y en especial la bonaverense».

«… los éxitos que ha tenido el balonpesado han causado la incomodidad de otros que no han podido igualar los méritos que tiene este deporte. Existe un detalle, cuando nosotros hicimos el primer campeonato municipal de balonpesado, que fue con dos equipos, al día siguiente se inauguró un campeonato municipal de baloncesto y siendo que el baloncesto era tradicional en la ciudad de Buenaventura debido a que se tuvo muy buenas basquetbolistas, precisamente en el colegio Pascual de Andagoya, ese campeonato se cuadró con cinco equipos y nosotros con cinco meses de nacido tenemos 12 equipos de balonpesado. Esto está diciendo que agrupa y de qué manera entonces son cosas para tener en cuenta y para entender el por qué hay una envidia, entonces las cosas no dejan avanzar, no nos dejan avanzar».

«Aquí existía el plan de padrinos internacionales, programa financiado por entidades internacionales, para el apoyo de personas de escasos recursos en Colombia, y consistía en un programa internacional en el cual las señoras madres cabeza de hogar se afiliaban a dicho programa con sus respectivos hijos, el cual exigía la práctica de un deporte y fue introducida esa disciplina deportiva en el grupo de deportes, debido a que el programa contaba con entrenador deportivo y el balonpesado fue proyectado ahí con los hijos e hijas de esas personas, madres cabeza de hogar que estaban inscritas en dicho programa; se resalta que Plan Padrinos, como se le llamó en la ciudad de Buenaventura, financiaba la práctica del deporte con sus respectivos instructores y los ahijados, como fueron llamados los niños beneficiaros del programa, practicaban sus deportes con mucha emoción, motivada también por los regalos que periódicamente les llegaban de sus respectivos padrinos».

«… teníamos un gran monitor que era Jacinto Moreno y él se pasaba e inclusive iba a las diferentes casas a reclutar los niños para jugar balonpesado y en cada casa que salía un niño a practicar balonpesado se le ponía un *sticker*, donde se identificaba que en esa casa vivía un deportista de balonpesado. Con esa dinámica se logró identificar en los barrios y en las comunas esa población era hermanada y se catalogaban como hermanos y siempre salían de cada barrio vamos hacer, vamos a jugar balonpesado en los barrios y en las canchas se jugaba el balonpesado, principalmente los niños, modelo que se implementó en las escuelas y en los colegios de la ciudad de Buenaventura. De esto se puede resaltar que así los niños de diferentes sectores pudieran tener diferencias y en casos no llegaran ni siquiera a hablarse por alguna situación, esto se olvidaba durante el juego, situación que se logró disipar en muchos casos y esto debido a la hermandad que produce la práctica del deporte balonpesado».

«Edwin Rebolledo puso a toda la ciudad de Palmira a jugar balonpesado, pero cuando yo le digo todo Palmira es toda Palmira, de hecho, tiene el récord de mayor número de equipos que salieron a juego en unos intercolegiados en el Valle del Cauca. En ese momento, el balonpesado se jugó más que cualquier otra disciplina. Eso ya había pasado en Buenaventura y pasó por mucho tiempo en Buenaventura liderado por Jacinto Moreno Gamboa «Jacho», pero eso lo consiguió el profesor Edwin Rebolledo, lo superó en Palmira».

«Hay un indio que se llama Salva Jama. Salva Jama era en ese momento el presidente de la Federación India de Cricket, cricket indio, un cricket particular que se juega allá, que se juega en pasto, sí, creo que ellos le llaman fútbol cricket al de ellos, pero esa federación además es una federación no solo de la India sino que incluye además a Pakistán y a otras naciones y él conoció el balonpesado gracias a los World Games. Después de que él conociera el balonpesado se estuvo carteando conmigo y puso a gente a jugar balonpesado en la India, incluso tuvo el proyecto en algún momento de llevar un equipo de aquí a la India a hacer intercambio o de pronto ellos venir acá y él siempre quería que hiciéramos el intercambio de manera de que nosotros aprendiéramos, conociéramos el cricket de ellos y ellos poder conocer el balonpesado».

«La verdad me pareció un deporte, fuera que es un deporte nuestro y autóctono y que le tengo un gran cariño por el doctor Lozano Batalla y por Jacho pues es la versatilidad del deporte y la viscosidad que logramos con esta disciplina es un deporte que tiene del rugby que tiene de sala que tiene de Baloncesto que tiene de rugby que tiene de muchas cosas que me parece muy llamativo y a los jóvenes les llamó la atención y esto de la innovación hace parte de ese proceso de los jóvenes de hacer cosas distintas y no tan tradicionales».

«La verdad fue muy masivo en las instituciones, casi que podemos decir que en las 27 instituciones más en masculino, en femenino, no pudimos tener las mismas respuestas, pero la verdad es que superamos a deportes como fútbol sala, voleibol y baloncesto en la participación».

«Considró que toda disciplina que devenga de un deporte y un deporte de contacto como es el balonpesado, y más un deporte que es autóctono de Buenaventura y más de prácticamente de este Valle del Cauca, debería estar incursionando más y debería tener unos cambios para que este deporte estuviera en los juegos departamentales porque estos han estado decayendo mucho. La última exhibición la hicieron ahorita en los juegos de Buenaventura y siendo Buenaventura la sede de los departamentales no se tuvo en cuenta este deporte, sino que simplemente se hizo la exhibición porque considero que administrativamente el balonpesado en el Valle del Cauca está mal manejado. A esto hay que darle un cambio, un cambio direccional, un cambio administrativo para que el deporte, un deporte que se creó en Buenaventura en el año de 1973, hoy ha venido de más a menos en vez de ir de menos a más. en el Norte del Valle del Cauca y en Buenaventura más que todo».

CAPÍTULO **3**

LA MASIFICACIÓN
DE LO AUTÓCTONO

Como se pudo evidenciar en el apartado histórico del balonpesado, el mismo ha participado en eventos que van desde lo municipal a lo internacional, pero ¿cómo logró extenderse tan rápido la práctica del balonpesado a tantos municipios del país? ¿A quién se debe todo esto?

Todo esto se debe a Jacinto Moreno Gamboa, más conocido como «Jacho», un bonaverense nacido el 4 de julio de 1955, hijo de Felinda Gamboa y Jacinto Moreno. Vivió una infancia acompañado de sus siete hermanos y desde temprana edad se sintió atraído por los deportes, practicando así baloncesto, fútbol, ciclismo, boxeo, balonpesado, entre otros, siendo el boxeo y balonpesado los deportes donde más se destacaría. Dentro de los logros más representativos en el boxeo está el haberse posicionado como campeón nacional en la categoría de peso mosca en múltiples ocasiones y haber derrotado al famoso exboxeador Miguel «El Happy» Lora en el año de 1976 por decisión de los jueces.

«Jacho» vs. Enrique «Maravilla»: 1980. Viernes 08 de febrero. En el Coliseo Cubierto de Buenaventura se enfrentaron por el título nacional profesional en la división Gallo (53,5 kg) los púgiles Enrique «Maravilla» Pinto, de Cartagena, y como retador Jacinto Moreno Gamboa «Jacho», de Buenaventura, con victoria unánime para el bonaerense, victoria que lo ubicó octavo a nivel mundial; entonces, primer bonaerense en este escalafón.

≡ 131 ≡

Sus inicios en el balonpesado se dieron para el año de 1974, época en la cual Jacinto era estudiante en el ITI GVC donde Roberto Lozano Batalla se desempeñaba como docente. Al pasar el tiempo se hicieron muy buenos amigos, amistad que continúa en la actualidad y Jacinto se sumó a la tarea de promover y masificar la práctica de este deporte a nivel nacional e internacional, demostrando un amor y compromiso tan grande con el mismo que en múltiples ocasiones no dudó en sacar dinero de su propio bolsillo para la compra de implementación deportiva tales como: uniformes, gastos de alojamiento, transporte alimentación, entre otros necesarios para cumplir su labor. Una de sus acciones más representativas fue la de pintar el círculo en cada cancha que se le permitía enseñar el balonpesado la frase «Balonpesado Nuestro Deporte "Jacho"».

Motivado por cambiar la realidad de muchos niños y jóvenes de Buenaventura que manifestaban consumo de sustancias psicoactivas, estar incluidos en pandillas y que se encontraban alejados de todo tipo de hábito y estilo de vida saludable, decide estudiar la Tecnología en Educación Física, Recreación y Deportes en la Universidad de Magdalena, la cual culminó en el año 2012.

En el año 2013, Jacinto Moreno sufrió un accidente cerebrovascular el cual afectó su memoria y capacidad de modulación, motivo por el cual tuvo que alejarse de los escenarios deportivos, quedando así debilitado aún más el balonpesado en el ámbito de promoción y hasta el momento el deporte no ha tenido un promotor que iguale o supere las hazañas realizadas por Jacho.

Por parte de los autores de esta obra deseamos larga y cómoda vida para el profesor Jacinto y su esposa, la señora Doli Montes, y demás familiares. Queremos ratificarle al lector que muchos de los eventos en los que ha participado el balonpesado fueron gracias al amor y apoyo ferviente e incondicional que el famoso «Jacho» le brindó a este deporte.

A continuación, se anexan cartas y fotos que demuestran las acciones adelantadas por Jacinto Moreno en ocasiones acompañado por su compañero de luchas y gran amigo Roberto Lozano Batalla para masificar la práctica del balonpesado a nivel nacional.

JACINTO MORENO MASIFICANDO EL BALONPESADO EN DIFERENTES INDER E INSTITUCIONES EDUCATIVAS

JACINTO Y LA SELECCIÓN BUENAVENTURA DE BALONPESADO

4to. ENCUENTRO AFROCOLOMBIANO
COPA DE BALONPESADO
ROBERTO LOZANO BATALLA
MAYO 20 Y 21

Balonpesado en la balonc(?)
C.Marin
Jacho   S.Robayo
BALONPESADO
JACHO
ORGULLOSAMENTE CUBANO

BALOMPESADO

BALONPESADO
Jacho
LO NUESTRO

BALONPESADO
DEPORTE AUTOCTONO COLOMBIANO

CARTAS DONDE SE EVIDENCIA LA ASISTENCIA DE JACINTO MORENO Y ROBERTO LOZANO BATALLA A DIFERENTES INSTITUTOS MUNICIPALES DE DEPORTE DE COLOMBIA

EL DIRECTOR OPERATIVO DE LA SECRETARIA MUNICIPAL DE RECREACION Y DEPORTE DEL MUNICIPIO DE PEREIRA "SEMDER"

HACE CONSTAR:

Que el profesor de Educación Física y Deportes, **JACINTO MORENO GAMBOA** identificado con Cedula de Ciudadanía **No 16.471.470** de Buenaventura (Valle) visito esta Ciudad capacitando en teoria y practica a un grupo de personas de ambos sexos en el deporte autóctono Colombiano Balón pesado y motivándonos para participar en el Festival Deportivo folclórico de Buenaventura, los dias 14 y 15 de julio próximo.
En su visita igualmente el profesor nos obsequio balón, planilla, reglamento y diagramo la cancha para la práctica de este deporte.

Agradecemos a la Alcaldía Municipal de Buenaventura, la Dirección de deportes Y EL Comité de Balonpesado, el envió de este profesor y esperamos visitarlos en próximas oportunidades.

Para constancia se firma en Pereira a los 27 días del mes de Junio de 2007.

CERTIFICADO DE VISITA

≡ 139 ≡

La Secretaría del Deporte Municipal, certifica que el entrenador, **JACINTO MORENO GAMBOA**, identificado con CC 16.471.470 de Buenaventura, visito las instalaciones de este despacho, promocionando el deporte del **"Balón Pesado"**, además, entrego todo el material requerido para el fomento del mismo.

Para constancia se firma a los 28 días del mes de julio de 2007

Agradeciendo su oportuna intervención y apoyo al deporte de Manizales.

Atentamente,

DIEGO FERNANDO ESPINOSA BENJUMEA
Secretaria de Despacho
Secretaria del Deporte

INSTITUTO MUNICIPAL DEL DEPORTE Y LA RECREACIÓN DE ARMENIA

NIT. 890.003.419-5

EL DIRECTOR GENERAL DEL INSTITUTO MUNICIPAL DEL DEPORTE Y LA RECREACIÓN DE ARMENIA "IMDERA?

HACE CONSTAR:

Que el profesor de Educación Física y Deportes , JACINTO MORENO GAMBOA identificado con la cédula de ciudadania No. 16.471.470 de Buenaventura (Valle) visito esta ciudad capacitando con teoría a un grupo de personas en el deporte autóctono Colombiano Balonpesado y motivándonos para participar en el festival deportivo y folclórico de Buenaventura, los días 14 y 15 de julio próximo, en su visita igualmente el profesor nos obsequio balón , planilla y reglamento.

Agradecemos a la Alcaldía Municipal de Buenaventura, la Dirección de deportes y el Comité de Balonpesado , el envió de este profesor y esperamos visitarlos en próximas oportunidades.

Para constancia se firma en Armenia a los 25 días del mes de junio del 2007.

HUGO TABARES SÁNCHEZ
Director General

E-mail: imderasport@hotmail.com

Estadio Centenario Oficinas 2º Piso PBX. 747 88 88 Fax: 748 38 04 Armenia Q

LOS COORDINADORES DEL ÁREA DE EDUCACIÓN FÍSICA DE LA INSTITUCIÓN EDUCATIVA JESÚS MARÍA ORMAZA

HACEN CONSTAR:

Que el profesor de Educación Física y Deportes, **JACINTO MORENO GAMBOA**, identificado con cédula de ciudadanía No. 16.471.470 de Buenaventura (Valle) visitó esta institución capacitando con teoría a un grupo de personas en el deporte autóctono Colombiano Balón pesado y motivándonos para participar en el Festival deportivo y folclórico de Buenaventura, los días 14 y 15 de julio próximo, en su visita igualmente el profesor nos obsequio balón, planilla y reglamento.

Agradecemos a la Alcaldía Municipal de Buenaventura, la Dirección de deportes y el Comité de Balón pesado, el envió de este profesor y esperamos visitarlos en próximas oportunidades.

Pereira, 26 de junio de 2007

HENRY CARVAJAL CASTRO   HÉCTOR FABIO RESTREPO V.
Coordinadores de Área Técnica Edufísica

REPÚBLICA DE COLOMBIA
ALCALDÍA MUNICIPAL
PRADERA - VALLE DEL CAUCA
IMDER - PRADERA

Pradera, marzo 20 de 2009

1458 '09 MAR 25 P3:11

RECIBIDO

Señor
JUEGOS DEPARTAMENTALES INDERVALLE
Santiago de Cali

Cordial saludo.

Nuestro municipio recibió la capacitación en teoría y practica del competitivo deporte Vallecaucano de balonpesado, y aceptamos participar en las modalidades masculinas y femeninas, en los próximos juegos Departamentales a realizarse en el mes de Noviembre de 2009.

Agradezco su valiosa colaboración y apoyo.

Cordialmente ,

FELIPE MAURICIO PASTES GUERRERO
Director Ejecutivo

Calle 6 Carrera 11 Esquina
Teléfonos: (0*2) 267 2653
(0*2) 267 2155

INSTITUTO MUNICIPAL DEL DEPORTE Y LA RECREACION DE PALMIRA

Nit 816.000.340-6

INDERVALLE

Palmira, Marzo 19 de 2009

1457 '09 MAR 25 P3:11

IMDER C.D. 0072

RECIBIDO

Señores
ORGANIZACIÓN JUEGOS DEPARTAMENTALES
INDERVALLE
Santiago de Cali

Cordial Saludo.

Nuestro Municipio ha recibido por parte del profesor **JACINTO MORENO "JACHO"** la capacitación en teoría y práctica del competitivo Deporte Vallecaucano Balón Pesado. Y aceptamos participar en las ramas masculina y femenina en los próximos Juegos Deportivos Departamentales a realizarse en el mes de Noviembre del presente año.

Agradezco de antemano la atención a la presente.

Atentamente,

LIC. RAMÓN ELÍAS PARRA VARGAS
Gerente

Elaboró y preparó María Liliana López Jiménez

ALCALDIA

CARTA AL LECTOR

Los autores de esta obra le estamos agradecidos por leerla y esperamos haber expuesto de la manera más idónea la historia de nuestro deporte autóctono y su importancia en diferentes niveles. Sabemos que el deporte tiene falencias a nivel administrativo y necesitará mejoras en cuanto al aspecto reglamentario, y estamos dispuestos a dedicarnos fervientemente a promocionar, masificar y consolidar el conocimiento y práctica del mismo a nivel nacional e internacional, pero somos conscientes de que solos no lo lograremos, por esto le invitamos a compartir el conocimiento que de esta obra haya podido adquirir con familiares, amigos, compañeros y demás personas que le rodean, con el objetivo de dar a conocer a más personas la existencia del balonpesado, un deporte autóctono colombiano con 47 años de historia al momento de publicación de esta obra y que lucha por no desaparecer ante la falta de apoyo, desarrollo y gestión a nivel político, cultural, deportivo y académico, el cual le ha impedido consolidarse verdaderamente como deporte nacional.

Aprovechamos para informarles que los autores de esta obra hemos creado la Asociación Nacional de Balonpesado (ANBP), con el objetivo de promover, masificar y consolidar la práctica de este deporte autóctono a nivel nacional e internacional, creando alianzas con entidades del sector público y privado que nos permitan cumplir con nuestro objetivo. Al final de esta carta estarán nuestros medios de contacto.

Esperamos en un futuro próximo poderles presentar a nuestros lectores, una segunda edición con grandes y positivos avances para el balonpesado. En caso de que se generen dudas, sugerencias, aportes o simplemente desees conocernos un poco más, dejaremos nuestros correos electrónicos personales para que puedas comunicarte con nosotros y si Dios lo permite trabajar en conjunto por el balonpesado, el deporte de los colombianos.

Nos despedimos con este proverbio chino: «Si caminas solo, llegarás más rápido; si caminas acompañado, llegarás más lejos».

Asociación Nacional de Balonpesado

Correo: asonbp@gmail.com

Instagram: asonbp

Celular: +57 3107404833

Wilton César Perea Angulo (hijo)

Correo: Wiltio92@hotmail.com

Instagram: elprofewilton

Kelvin Antonio Murillo Angulo

Correo: Kelvin122008@hotmail.com

Wilton César Perea Angulo (Padre)

Correo: wilton.perea@hotmail.com

Psdt: #solobalonpesado

DOCUMENTOS VIRTUALES

Unesco, «Cultura y Desarrollo Evolución y Perspectiva» 2010: http://
www.unescoetxea.org/dokumentuak/Cultura_desarrollo.pdf&-
ved=2ahUKEwiX0-WBi7zqAhUQd6wKHcCYBqoQFjAKegQIA-
RAB&usg=AOvVaw2nwr-Zm0Fj8gVqZwmviRKR.

DANE, «Colombia una nación multicultural su diversidad étnica» 2007:

http://www.dane.gov.co/files/censo2005/etnias/present_etnicos.pd-
f&ved=2ahUKEwiQ6JX1i7zqAhVBQq0KHRmjDAUQFjAAegQI-
BhAB&usg=AOvVaw0JnPmVEi4wsAldb-CV0v5v

Ministerio de Cultura, «Sistema Nacional de Patrimonio Cultural de la
Nación SNPCN» 2018:

https://www.mincultura.gov.co/prensa/noticias/Documents/Pa-
trimonio/Sistema%20Nacional%20de%20patrimonio%20cultu-
ral%202018.pdf

Cepeda Ortega, Jesús (2018). Una aproximación al concepto de identidad cultural a partir de experiencias: el patrimonio y la educación. Tabanque, 31. P. 244-262

DOI: https://doi.org/10.24197/trp.31.2018.244-262

FLACSO sede Ecuador (2009). Mitificación del desarrollo y mistificación de la cultura: el etnodesarrollo como alternativa. Iconos Revista de Ciencias Sociales N°33.

Forero, E. (2016). La revista de la academia, un icono de desarrollo de la ciencia en Colombia. scielo, 1. Recuperado el 21 de 06 de 2019, de http://www.scielo.org.co/pdf/racefn/v40n157/v40n157a01.pdf

RÜSEN, J. (agosto de 2012). Historiología: Esquema de una teoría de la historiología. Index, 2. Recuperado el 21 de 11 de 2019, de https://www.unav.edu/publicaciones/revistas/index.php/myc/article/view/1742/1604

Josep Fontana, Historia: análisis del pasado y proyecto social, Barcelona, Crítica, 1982 (Estudios y Ensayos), p. 9.

Tesis

Morataya Armas,Luis Fernando. Endoculturación y su incidencia en las conductas agresivas de las familias.Universidad de San Carlos de Guatemala. 2012.

Artículos

Devís Devís, J. Deporte, educación y sociedad: hacia un deporte diferente. Revista de Educación. 1995.

Nogueda Medina, I. Enseñanza del deporte y educación Física. Instituto de Investigaciones sobre la Universidad y la Educación. Distrito Federal, México. 1995.

Gutierrez San Martín, M. Valores sociales y deporte la actividad física y el deporte como transmisores de valores sociales y personales. Gymnos. España. 1995.

Corrales Salguero, A. El deporte como elemento educativo indispensable en el Área de Educación Física. Emasf:revista digital de educación física. 2010.

Blazquez Sánchez, D. Amador Ramírez, Fernando. La iniciación deportiva y el deporte escolar. 1995

Cabrera Suarez, D. Ruiz Llamas, G. Los valores en el deporte. Revista Educación. 2004.

Halbwach, M. Memoria colectiva y memoria histórica. La memorie colective. Paris. 1968.

Ruiz, A. Argiro, E. Mesa, R . Medición económica del deporte en Colombia: una propuesta metodológica de cuenta satélite. Lecturas de Economía No. 72. Medellín. 2010.

Robles Rodríguez, J. Abad Robles, MT, Giménez Fuentes-Guerra, FJ. Concepto, características, orientaciones y clasificaciones del deporte actual. Recuperado desde:https://www.efdeportes.com/efd138/concepto-y-clasificaciones-del-deporte-actual.htm. Revista digital-Buenos Aires. 2009.

Gimenez Fuentes-Guerra, J. Abad, M. Rodríguez, J. La enseñanza de deporte desde la perspectiva educativa. Wanceulen:Educación Física Digital. 2009.

Libro

Bonfin Batalla, F. Ibarra, M. Varese, S. Verissimo, D. Tumiri, J. et al. América Latina, Etnodesarrollo y Etnocidio. Ediciones Flacso. Costa Rica. 1982.

Leyes

Ley 181. Constitución política de Colombia, Bogotá, Colombia, enero 18 de 1995.

Ley 10.Constitucion política de Colombia, Bogotá, Colombia, enero 13 de 1975.

PERIÓDICOS Y MEDIOS DE COMUNICACIÓN VIRTUALES

Noticiero 90 minutos, Exhibición de balonpesado, deporte autóctono colombiano, 1 de agosto de 2013

https://90minutos.co/exhibicion-de-balonpesado-deporte-autocto-no-colombiano/

Periódico El Tiempo, BALONPESADO, UN JUEGO LIVIANO, 17 de marzo de 1991

https://www.eltiempo.com/amp/archivo/documento/MAM-44335

Radio Nacional de colombia, deporte autóctono de Buenaventura, 29 de julio, 2019

https://www.radionacional.co/noticia/balonpesado/balonpesa-do-deporte-autoctono-buenaventura

Periódico El País, «El balonpesado reclama su espacio en los juegos», 1 de septiembre de 2014

http://historico.elpais.com.co/paisonline/deportes2003/notas/Abril052007/balon.html

Entrevistas en video

Roberto Lozano Batalla (esta es mi historia). Unidelpacifico, 2014.

https://youtu.be/N3_nqfLV7CE [consultado 20 de marzo 2019].

Programa ESTA NOCHE con Jairo Gallego-Entrevista al historiador Roberto Lozano Batalla P1. Esta Noche Buenaventura, 2018.

https://youtu.be/hm9kh_DPgKs [Consultado 20 de marzo 2019]

Homenaje a Jacinto Moreno y Roberto Lozano Batalla. Jjenlajugada, 2017.

https://youtu.be/RfEILcD14Bo [Consultado: 26 de marzo de 2019]

Agosto 1 de 2013. Exhibición de balonpesado, deporte autóctono colombiano. Noticiero 90 minutos, 2013. https://youtu.be/4THz-7qIZ0Bs [Consultado: 26 de marzo 2019]

De Vuelta con la Historia 4.UnidelPacifico, 2015. https://youtu.be/054driRUwMI [Consultado: 26 de marzo 2019]

Homenaje a Batalla. Noticias Buenaventura, 2020. https://youtu.be/NGCuZK-mm3A [Consultado: 8 de marzo 2020].

www.ingramcontent.com/pod-product-compliance
Lightning Source LLC
Chambersburg PA
CBHW022133150726
47992CB00002B/583